천천히 올라가는 계단

천천히 올라가는 계단

김광규 산문집

작가

■ 머리말

　이 책에 실린 산문들은 1980년부터 2006년까지 4반세기 동안 여러 신문과 각종 잡지에 실렸던 글을 모은 것이다.
　대개 원고 청탁을 받고 마감에 쫓기면서 쓴 글이지만, 편집자의 특정한 주문에 맞추어 쓴 것은 아니다. 예컨대 「쾨페니크 대위」는 신군부가 독재 권력을 장악하던 1980년에 어느 교양 월간지 수필 란에 실렸던 글이다. 당시 이 글이 그 잡지의 책머리를 장식했던 까닭은 폭력에 의하여 침묵을 강요당하던 당시의 상황에서 비롯된 것이었다. 그리고 2006년에 발표된 「천천히 올라가는 계단」도, 우리나라가 주빈국으로 초대받았던 2005년도 프랑크푸르트 국제 도서전 문학행사에 참가하면서, 내가 겪은 사실의 편린을 이삭 줍듯이 기록한 것일 뿐, 어떤 편집 의도에 부응하여 쓴 것은 아니다. 그러니까 여기에 실린 산문들은 비록 순수 문학작품이라고 말할 수는 없어도, 내가 발표해 온 시처럼, 그것이 씌어진 시대 현실의 반영이고, 그 당시의 정서와 사유가 스며있는 문화적 텍스트라고 불러 마땅하다. 다만, 필자의 생업이 독문학 전공이라, 독일 이야기가 많이 나오는 것은 어쩔 수 없다. 지금 읽어 보면, 부끄럽고 낡아빠진 부분도 적지 않지만, 지나간 날들을 그 시점에서 있는 그대로 다시 볼 수 있도록, 가필을 거의 하지 않았고, 참고삼아 글의 말미에 발표 연도만 밝혀 두었다.

  이 산문집이 오늘날의 인쇄물 공해에 파묻혀버리지 않고, 20~21세기 전환기의 조그만 개인적 증언으로 남을 수 있다면, 그것은 오로지 도서출판 작가에게 감사할 일이다.

2006년 가을

김 광 규

■ 차례

머리말

1부

외톨이로서의 인간	13
딸 마중	17
주사를 놓지 않는 의사	20
부티 나는 소비 동물들	23
돈을 주고서라도 배워야 할 것들	27
돌 기름이 만들어낸 문화	30
사람의 아들	36
걸어가는 퇴직자	39
게오르크 뷔히너 생가(生家)	43
목골 가옥과 전통 한옥	46
보이지 않는 문화의 힘	52
낙엽수의 갱생력(更生力)	56

2부

역사라는 이름의 교사	61
요람에서 무덤까지	65
우리의 물까지 인수합병될 것인가	72
맨손으로 다니는 시대	76
은행은 은행이다	82
잃은 고향 다시 찾기	86
올바른 정치교육을 받지 못한 대가	93
페인트로 쓴 구호	97
쉰 살 먹은 아이들	102
얇은 냄비	108
우리나라가 없는 세계화	114
조급한 교육의 열성	119
셋째 아이가 없는 부모의 슬픔	124
1986년 이야기	134
쾨페니크 대위	145

3부

빠른 시대의 느린 시	155
시 쓰는 친구	159
'나의 데뷔작'에 얽힌 사연과 그 뒷이야기	163
낮은 목소리로 중얼거리기	169
책을 '듣는' 책벌레	177
영국식 예우	181
남처럼, 나답게	186
시와 그림의 크로스오버	190
카스파 다비트 프리드리히의 〈홀로 서 있는 나무〉	195
피라미드를 쌓는 우직함	200
나를 매혹시킨 한 편의 시	205
나가는 여행, 들어오는 관문	214
『지리산』의 시	219
한·독 문학교류의 성과와 전망	227
천천히 올라가는 계단	238

1부

외톨이로서의 인간

외톨이로서의 인간

　　　　　　혼자서 차를 마시거나, 혼자서 영화를 보거나, 혼자서 여행을 다니는 외톨이는 별로 멋있어 보이지 않는다. 그러나 소란스럽게 떠들어대는 결혼 피로연의 축하객들, 영화를 보며 쉴 새 없이 배우의 사생활 이야기를 하는 관람객들, 왁자지껄 무리 지어 명승고적을 찾아다니며 사진을 찍거나 무비 카메라를 돌려 대는 관광객들보다는 차라리 외톨이가 마음에 든다. 나 자신이 바로 외톨이 성격을 지녔기 때문인가 보다.

　여럿이 모이는 것을 좋아하는 사람일지라도 혼자서 살 수밖에 없는 것이 외국 생활이다. 요즘에는 일찍 결혼하여 내외가 함께 유학을 하는 학생들도 많고, 국외 파견 근무에도 가족을 동반하는 경우가 흔하지만, 나의 세대는 경제적 여건이 그러지 못했다.

 혼자서 외국 생활을 하는 경우 아침에 일어나서 밤에 잠들 때까지 도대체 말을 한마디도 안 하는 날도 있고, 외국어는 사용해도 모국어는 한마디도 할 기회가 없는 날도 있다. 그런 날은 매우 우울한 기분에 사로잡힌다. 우리의 입은 먹기 위해서만 있는 것이 아니라, 말하기 위해서도 있다는 것을 실감하게 된다. 길거리를 걷거나, 쇼핑을 하거나, 직장에 나가거나, 음식을 사 먹거나 모두 외국어만 귀에 들어오니까, 우리말을 듣고 싶은 아쉬움이 간절해진다. 한국 음식에 대한 그리움이 물질적 욕구라면, 우리말을 듣고 싶은 것은 정신적 욕망이라고 할 수 있다. 나처럼 외톨이 천성도 이렇게 느끼는 것으로 미루어 보면, 워낙 번잡스럽고 혼자선 못 있는 성격의 사람들은 더욱 외국 생활이 견디기 힘들 터이다. 어떤 이들은 술을 잔뜩 마시고, 모국어로 고래고래 악을 쓰며 소리 지르다가 경찰에 붙들려 가기도 한다.

 지난여름에는 한국 · 중국 · 일본 · 독일의 4개국 독문학자들이 베를린에 모여서 국제학술회의를 열었다. 독일에서 객원 교수 노릇을 하느라고 나도 우리말에 굶주렸던 참이라, 회의가 끝난 저녁때면 한국에서 온 동료 교수들과 만나 밀렸던 소식도 듣고 많은 이야기를 나누었다. 그런데 일주일 동안의 회의가 끝나자 곧 새 학기가 시작될 시기라 모두 베를린에서 곧장 귀국하고, 나만 혼자 남게 되었다. 나는 9월 말까지 독일의 여름 학기를 채워야 계약 기간이 끝나므로, 머나먼 고속도로를 혼자서 달려 지겐으로 귀임해야만 했다. 공항까지 동료 교수들을 태워다 주고, 오후에 베를린을 떠나서 레씽의 집이 있는 볼펜뷔텔에 도착해 하룻밤을 쉬었다. 다음날은 도서관을 방문하고 그곳을 떠나 하르쯔 산맥을 넘어 남서쪽으로 온종일 달려 저녁 때 하숙집에 도착했다. 아무리 주변의 경치가 좋다고 해도, 혼자서 온종일 고속도로를 달리는 일은 견딜 수 없이 무료했다. 날씨가 더우니까 정신까지 얼떨떨해져서 닥치는 대로 혼자서 노래를 불러 댔더니 금방 목이 쉬어 버렸다.

그런데 지금도 어쩌다 유럽 지도를 들여다보면, 몇이서 어울려 즐거운 여행을 하던 곳보다는, 나 혼자서 고독하게 달리던 구간이 가장 선명하게 떠오른다. 반년동안 살았던 소도시 지겐의 생활 가운데서도, 혼자서 밀밭 길을 걷거나, 숲 속을 산책하던 추억이 가장 다시 갖고 싶은 시간으로 회상된다. 바쁘게 쫓기는 직장 생활이나 도시 생활 구조 속에서는 누구나 자기의 내면세계에 침잠할 수 있는 시간적 여유가 생기면, 우리는 혼자 있는 것 대신 여럿이 모여 무엇을 해 보려는 계획을 세운다.

　인간은 누구나 개인으로 이 세상을 태어나서 가족과 사회와 국가와 세계의 일원으로 공동생활을 하다가 제각기 세상을 떠난다. 인생의 중요한 통과 의례를 모두 집단이 아닌 개인으로 치르게 되는 것을 보아도 인간이 본질적으로 외톨이임을 알 수 있다. 그런데도 우리는 혼자서 있는 시간을 너무 두려워하면서 평생을 보내는 것 같다. 외톨이만큼 삶을 깊이 있게 체험하기도 힘든데 말이다.　　　　　　　　　　　　(1992)

딸 마중

밤 열 시 반이면 회중전등을 손에 들고 집을 나선다. 골목길을 돌아 방범초소를 지나 육교 앞에 나가서 무서운 속도로 지나가는 자동차를 바라본다. 옛날에는 이렇지 않았었다. 이렇게 한밤중에 많은 자동차가 통행하며 숨 막히는 매연을 뿜어대지는 않았고, 인적이 드문 골목길을 혼자 다녀도 겁나지 않았다. 요즘은 대낮에도 오토바이 치기배와 낮털이 강도가 횡행하는 판이니, 밤늦게 여학생 혼자서 귀가한다는 것은 위험천만의 모험이 되고 말았다.

벌써 4반세기가 훨씬 지나갔지만 내가 고등학교에 다닐 때는 정규수업이 끝나면 집에 와서 숙제나 독서를 하고 친구들과 어울려 음악을 듣거나 가족과 함께 저녁 시간을 즐겼다. 요즘은 고교생들이 아침 여섯 시 반에 조반도 제대로 먹지 못하고 등교했다가 밤 열한 시가 넘어서야 집에 돌아온다. 정규수업 이외에 이른바 '자율학습'을 하기 위해서 학생들이 온종일 교실에 갇혀 있기 때문이다.

하루 24시간 가운데 집에 와 있는 시간이 7시간 정도 밖에 안 되는 셈이니, 이것은 밥을 먹고 몸을 씻고 잠을 자기에도 절대량이 모자란다. 가정교육은 고사하고, 가정이라는 존재조차 이들에게는 잠만 자는 여관처럼 되어버렸다. 학교에 낼 돈 얼마 달라는 것 이외에는 부모와 자식 간의 대화를 나눌 겨를조차 없다. 참으로 비교육적인, 아니 비인간적인 학생시절을 이들은 보내고 있다. 학교 평준화, 과외일소, 전인교육을 내세우는 우리나라의 고등학교 교육이 어떻게 하다가 이런 지경에 이르고 말았는지 알 수가 없다.

물론 이처럼 처절하게 집중적으로 사지선다형 공부를 시켜야만 대학에 진학할 수 있다는 것이 경쟁사회의 논리이기는 하다. 그러나 시 한 줄이나 소설 한 권은커녕 신문에 나오는 논술시험 응시 요령도 읽을 틈이 없이 교과서만 달달 외워서 대학에 들어간 다음에 이들이 마주치게 되는 현실은 어떠한가.

이제 거의 통과의례가 되어버린 듯한 대학생 시위운동은 그 원인을 우리의 현실 깊숙한 곳에서 찾아야 하겠지만, 입시위주의 고교교육도 간접적 원인으로 작용하고 있을지도 모른다.

아, 저기 오는구나. 바른쪽 어깨에는 무거운 책가방을 메고, 왼쪽 손에는 도시락 두 개와 신발주머니를 주렁주렁 들고, 마치 물건을 하나도 팔지 못한 방물장수처럼 축 늘어진 꼴로 나의 딸내미가 걸어온다. 옛날의 여고생은 타율적 교복을 입었어도 자율적 생활을 했다. 세월이 갈수록 모든 것이 나아져야 할 터인데. (1985)

주사를 놓지 않는 의사

 허약한 체질을 타고난 덕택에 나는 어렸을 때부터 약을 많이 먹고 병원에 자주 다닌 편이다. 서울 시내에 인력거가 달리던 시절 아버지를 따라 다니던 나의 단골 병원은 청계천변에 자리 잡고 있었다. 조한성 의원이었다. 조 의사는 아버지의 맹장수술을 집도한 뒤부터 줄곧 우리 집 주치의였다. 그때는 청계천이 복개되지 않았으므로, 병원 대합실에서 창 밖을 바라보면 수많은 비둘기들이 냇가에 내려앉아 먹을 것을 찾고 있었다. 주사를 놓으면 어쩌나 하는 불안감에 내가 가슴을 조이는 동안 아버지와 조 의사는 태평스럽게 진찰실에서 세상 돌아가는 이야기를 나누었다. 가슴과 등으로 청진기의 차가운 감촉이 지나가고, 입을 벌려 목구멍을 보여줄 때, 나의 긴장은 가장 높아지곤 했었다. 뒤이어 주사를 맞아야겠다든가, 약을 먹어야겠다든가, 집에서 죽을 먹으며 쉬어야겠다든가 하는 진단이 떨어지기 때문이었다. 조 의사는 좀처럼 주사를 놓지 않았다. 그래도 그의 지시대로 하면 틀림없이 병이 나았다. 우리 집에서는 누구나 그를 어려워했지만, 그에 대한 신뢰는 절대적이었다. 그는 이미 오래 전에 작고했다. 그는 내가 기억하고 있는 첫 번째 의사이며, 사심 없는 인술의 표상이다. 대머리가 벗어지고 콧수염을 기른 조한성 씨의 모습이 지금도 눈앞에 떠오른다.

조 의사가 작고한 뒤로는 일정한 가정의를 정하지 않고 여러 병원에 다니게 되었는데, 다른 의사들은 한결같이 주사 놓기를 좋아했다. 어떤 의사는 미처 진찰을 하기도 전에 간호원에게 주사 준비부터 시키기도 했다. 그리하여 나에게는 병원에 간다는 말이 곧 주사를 맞으러 간다는 말과 동의어가 되었고, 서양 의술이란 으레 그런 것이려니 생각하게 되었다. 이러한 고정관념은 그러나 바로 독일유학을 가서 고치게 되었다.

외국생활이란 몸과 마음이 다 고달프고 외롭게 마련이지만,

내 딴에는 무척 긴장을 하고 살아서 그런지 별로 큰 병을 앓지 않고 지냈다. 독일의 변덕스런 봄 날씨 때문에 감기에 걸려 내과에 한번, 귀에 생긴 종양을 치료하기 위하여 이비인후과에 한번 갔을 뿐이다. 간단한 수술을 하는데도 주사를 놓지 않고 약을 바르는 것은 놀라운 일이었다. 독감에 걸리면 꼭 항생제 주사를 맞아야만 하는 것으로 알고 있었는데, 독일인 의사는 푹 쉬고 잘 먹으라고 말할 뿐, 주사는커녕 약도 주지 않았다. 팔다리가 마디마디 쑤셔서 못 견디겠다고 되풀이 사정을 했더니, 그 의사는 약방에 가서 사먹으라고 겨우 비타민제를 처방해 주었다. 그런대로 감기는 나았고, 그 다음부터는 되도록 섭생으로 건강관리를 해오고 있다.

독일식 의료방법에 비하면 우리나라에서는 주사와 약을 너무 많이 처방 하지 않나 생각된다. 내가 본 바로는 세계 어느 나라의 신문에도 우리나라처럼 약 광고가 많이 실리지는 않는다. 병이 나면 무조건 주사를 놓으려는 의사나, 주사를 맞지 않으면 섭섭해 하는 환자나 모두 한국식 의료형태의 산물이다. 환자와 의사와 의약품의 관계는 단순한 물질적 효용을 넘어서 정신적 신뢰와 생명에 대한 외경을 바탕으로 이루어져야 할 것이다. (1984)

부터 나는 소비 동물들

　　　　　　과학 기술과 문명의 발달로, 옛날에는 생각지도 못했던 일들이 요즘은 많이 실현되고 있다.

　인공위성을 개발하여 옛날에 없었던 별을 쏘아 올린다든가, 유전 공학 연구 결과로 생산성이 큰 동식물을 새로이 만들어 낸다든가, 양수 검사를 통하여 태아의 성을 미리 알아낸다든가 하는 것들이 모두 20세기 후반기에 성취된 새로운 업적들이다. 산업 현장에서 로봇이 사용되는 것을 보면, 앞으로 기계 인간의 등장도 실현 불가능한 꿈만은 아닐 것 같다.

　그러나 아무리 과학 문명이 발달해도 기도하는 영혼과 사랑하는 육체가 결합된 우리와 같은 인간을 제작할 수는 없을 것이고, 또 자기가 원해서 이 세상에 태어나는 인간도 존재할 수 없을 것이다. 만일 인간에게 출생의 선택권이 주어진다면, 모두들 미국이나 독일이나 일본 같은 선진국에 태어나려고 해서 우리나라의 인구 밀도가 희박해질 것이다.

어쨌든 인간은 자신의 의지와는 관계없이 부모의 몸을 빌려서 이 세상에 태어나는 것이지, 스스로 뜻한 바 있어 출생하는 것은 아니다. 그러므로 먹을 것조차 없는 가난한 집에 태어나도 그것이 자기의 잘못은 아니며, 자가용 비행기를 가진 재벌의 집에 태어나도 그것이 자기 공로는 아니다.

그런데도 우리는 이 신비롭고도 평범한 출생의 진리를 흔히 잊고 산다. 특히 부유한 가정에 태어난 사람들 가운데는 출생을 자기의 공로로 오인하는 이들이 많다.

장안의 부자들이 모여 사는 빌라 마을에 가 보면 어른이나 아이나 모두 풍요한 소비 사회의 첨단을 살고 있는 모습을 볼 수 있다. 외국산 대리석으로 장식한 호화 주택에서 한겨울에도 난방 과열로 여름 옷차림으로 살고, 소형 국민차 한 대보다도 비싼 모피 의상을 걸치고 다니며, 두 사람의 점심 식사를 하는 데 쌀 한 가마 값을 버리는 것이 예사다.

발리 섬에서 시작하여 하와이, 라스베가스, 마이애미를 거쳐 스위스에 가서 스키를 타고, 뮌헨에서 맥주를 마시고, 파리에서 쇼핑을 하는 관광 유람 여행담이 그들의 화제다. 얼마 전에만 해도 외국 오락 영화에서나 볼 수 있던 장면들을 몸소 실연하는 이런 어른들을 보면, 우리가 진짜 '소비가 미덕이 되는 사회'에 살고 있는 것 같은 착각을 금할 수가 없다.

이들의 자녀들을 보면 이 착각이 바로 현실로 전개되는 놀라움을 겪게 된다. 전문 기능공 한 사람의 월급보다도 훨씬 많은 용돈을 유흥비로 쓰면서 부모의 과소비 생활을 예습하는 이 청소년들은 자기들이 이처럼 흥청망청 젊은 날을 탕진할 수 있는 것이 누군가 땀 흘려 일한 대가라는 생각을 전혀 하지 못한다.

이 부터 나는 귀공자와 소공녀들은 자기들처럼 비싼 유행 복장을 걸치고, 배우처럼 요란한 화장을 하고, 미국식 음식을 먹고, 돈 많이 드는 스포츠를 하지 못하는 대다수의 다른 청소년들을 빈티 난다고 무시한다.

자기는 귀족으로 태어났다고 오해하는 이들을 천민자본주의 사회의 부산물이라고 매도하기에 앞서 불쌍한 생각까지 든다. 이들은 자동차가 없으면 한 발짝도 못 가는 것으로 알고, 용돈이 떨어지면 약 기운이 떨어진 약물 중독자처럼 비참하게 풀이

죽고, 유명 상표가 붙은 겉옷을 벗겨 놓으면 허약한 과보호 미성년자가 되어 버린다.

부모로부터 외면적 물질만 상속받았지, 내면적 정신을 이어받을 것이 없었기 때문이다.

정신이 없는 육체는 동물이 가장 이상적으로 체현하고 있다. 행복한 동물보다는 가난한 인간으로 태어나서 생각하고 노력하며 살아가는 것이 옳지 않은가. (1992)

돈을 주고서라도 배워야 할 것들

'아우토반'은 속도 무제한의 독일 고속도로로 전 세계 자동차 속도광들의 선망을 받고 있다. 독일은 어느 나라보다 공공 교통기관이 잘 발달되어 있고, 도로망도 그야말로 거미줄처럼 얽혀 있지만, 기차나 비행기를 이용하려면 발착 시간을 미리 맞춰야 하고, 교통비도 상당히 비싼 편이므로, 대개 자동차로 여행을 많이 한다.

지난번에 객원 교수로 독일에 가 있을 때는 비교적 장기 체류를 했기 때문에 나도 낡은 자동차를 한 대 장만했었다. 10년 묵은 구닥다리 소형 국민차였다. 이 꼬마 자동차를 타고 독일

전국은 말할 것도 없고, 중부 유럽과 동구권까지 누비고 다녔는데, 그래도 그 닳아빠진 타이어가 펑크 한 번 나지 않았으니, 톡톡히 효과를 본 셈이다.

다만 아쉬웠던 점은 이 꼬마 자동차의 규정 최고 속도가 시속 135킬로미터라는 점이었다. 물론 그 이상을 밟을 수도 있지만, 그러면 차체가 흔들려서 그저 120킬로미터 전후로 달리는 것이 적당했다. 그런데 독일 아우토반에서는 시속 120킬로미터로 달린다는 것이 그 자리에 그냥 서 있는 것이나 마찬가지였다. 거의 시속 200킬로미터에 가까운 속도로 추월하는 자동차들이 대부분이기 때문에, 창피함을 무릅쓰고 참을성을 발휘하지 않으면, 고속도로에 나설 수도 없을 정도였다.

그러나 일단 도시로 접어들면, 그 사납게 달리던 고성능 자동차들이 그렇게 양순해질 수가 없었다. 표시된 규정 속도와 신호를 지키는 것은 절대적이고, 차선을 급작스레 바꾸거나 앞길을 가로막고 끼어드는 것은 거의 볼 수가 없었다. 아무리 값비싼 자동차를 몰아도 교통 규칙을 철저히 준수하는 점에서는 고물 자동차와 평등하고, 건널목이나 골목길 입구에서 좌우를 살피는 것은 거의 짜증이 날 정도로 신중했다. 아우토반을 시속 200킬로미터로 질주하던 자동차가 인적이 드문 도시의 뒷

길에서 규정 속도 40킬로미터를 고지식하게 지키고 도심을 몇 바퀴 돌더라도 주차장이 아닌 곳에서는 절대로 차를 세워 두지 않는 독일인의 자동차 문화를 우리도 배워야 할 것이다.

무엇인가 배우려면 돈이 들게 마련이다. 교통사고를 통해 수많은 인명을 희생하고 물질적 손실을 지불하면서 우리는 지금 그것을 배우고 있다. 우리가 너무 서두르지 말고 조금만 겸손한 마음을 가진다면, 그동안 축적한 경험을 바탕으로 훨씬 앞선 자동차 문화를 이룩할 수도 있을 것이다. (1992)

돌 기름이 만들어낸 문화

이른 봄날 아침 일찍 문 밖에 나가보면 땔나무를 가득 실은 소달구지가 신작로에 서 있었다. 그때는 서울에서도 장작이나 나뭇가지를 땔감으로 썼다. 나무를 팔고 사는 동안 소는 여물을 먹고 있었다. 눈이 커다란 소가 방울소리를 내면서 새김질을 하는 모습이 서울내기 꼬마에게 신기하기까지 했다. 그렇게 열심히 관찰했는데도 나중에 아버지가 "소는 귀가 위에 달렸느냐, 뿔이 위에 달렸느냐"고 물으시면, 고개를 갸우뚱했다. 가끔 쌀가마를 실은 도라꾸(트럭)가 지나가기도 했다. 목탄(木炭) 자동차였다. 가다가 엔진이 꺼지면,

운전석 옆 좌석의 조수가 내려서 목탄 통을 한바탕 쑤셔댄 다음, 차체 앞에 스타터를 꽂고 열댓 번쯤 돌려야 겨우 발동이 다시 걸렸다. 나에게 남아 있는 이 오랜 기억들은 1945년 전후에서 비롯된다. 서울거리에 인력거와 역마차가 달릴 때였으니까, 자동차를 타본 어린이들의 수효가 오늘날 비행기를 타본 아이들의 수효보다도 훨씬 적었다. 그로부터 오십 년이 채 지나가기도 전에, 우리나라가 자동차 수출국으로 부상했고, 전국이 자동차로 뒤덮이게 되었으니, 그 발전 속도가 엄청난 것은 아무도 부인할 수 없다. 나 자신이 이제는 늙은 운전자가 되었지만, 1970년대까지만 해도 내가 자동차를 몰고 다니리라고는 상상조차 하지 못했었다.

석유도 그 한자 표기(石油)가 뜻하듯 내게는 낯선 돌 기름이었다. 중·고등학교 시절까지도 방학 때 시골에 내려가면 밤에 석유 램프를 켜고 책을 읽었다. 지게에 석유를 지고, 새우젓 장수처럼 이 동네 저 동네로 다니며 석유를 되어서 파는 석유 장수도 있었다. 주유소가 드문드문 생기면서부터 자전거나 오토바이로 석유를 배달해 주는 중간 소매상이 나타나 석유 사용이 편리해지고 석유 곤로가 중요한 취사도구로 등장했다. 그러나 주유소는 오랫동안 많은 사람들에게 버스가 급유할 때 화장실을 제공하는 장소 정도로 인식되었다. 경유 보일러가 난방시설의 주역이 되자, 주유소에 기름을 주문하는 전화를 걸게 되었다. 일 년에 대여섯 번 쯤 주유소와 통화를 하게 된 셈인데, 그때마다 "주문이 밀려서 오늘은 안 된다"는 대답을 들었다. 이른바 자가운전자가 되면서부터 주유소는 일주일에 한두 번씩 들르지 않을 수 없는 곳으로 가까워졌다. 어떻게 보면, 직장을 빼놓고는 가장 자주 찾는 장소가 된 것이었다. 그런데 단골 주유소에서 기름을 넣어주는 총각들이 철딱서니 없이 저희들끼리 장난을 하다가 급유구의 뚜껑도 닫지 않은 채 나의 차를 보내버렸다. 뒤늦게 뚜껑이 없는 것을 발견하고 주유소까지 되돌아가는 번거로움을 겪은 다음에 단골을 바꾸었다. 새로 생긴 건너편 주유소에 들렀더니, 이곳에서는 정년퇴직한 나이쯤으로 보이는 노인들이 급유를 해주었는데, 그 태도가 성실했고, 무연 휘발유의 질도 좋은 것 같았다. 이리하여 건너편 주유소와 인연을 맺은 지가 꽤 오래 되었다.

인건비가 자꾸 올라가니까 우리나라 주유소도 머지않아 셀프서비스로 바뀔지 모르겠다. 서양의 주유소는 셀프서비스로 운영되는 곳이 많다. 운전자가 원하는 기름의 급유대 앞에 정차한 다음 자기 손으로 주유를 하고나서 사무실의 계산대에 가서 자동 체크된 요금을 지불하는 방식이다. 한국식 서비스에 습관이 된 운전자는 처음에 불편을 느끼지만, 곧 이런 방식의 주유에 익숙해지고, 또 그 나름대로의 장점도 발견하게 된다. 우선 운전석을 떠나서 몇 발짝 걸을 수 있는 것이 다리 운동이 되고, 유리창을 닦고 타이어 공기를 보충하는 코너를 이용할 수 있으며, 사무실 건물에서는 자동차 용구를 비롯하여 각종 생필품을 판매하고 있다. 한밤중이나 주말에 상점이 모두 문을 닫는 독일에서는 주유소가 곤경에 처한 사람을 도와주는 경우가 많다. 이러한 편의시설에 간단한 스낵 코너와 식당을 갖춘 주유소들이 고속도로 연변은 물론 전국 각지에 널려져 있어서 운전자가 쉬어 갈 수 있는 기회를 언제든지 제공해 준다. 그런데 동독 지역이나 동구권에 들어가면 사정이 달라진다. 자동차 도로 자체가 노폭이 좁고 노면이 불량할 뿐만 아니라 주유소를 비롯한 운전자 편의시설이 절대 부족한 형편이다. 한번은 프라하에 갔다가 구동독 국경을 넘어 돌아오는데 기름이 떨어져서 고생을 한 적이 있다.

체코슬로바키아의 테플리쯔 국경을 통과하여 구동독의 드레스덴으로 가는 코스를 잡았는데, 동구권이 흔히 그렇듯 도로 표지판이 제대로 설치되어 있지 않고 언어도 소통이 되지 않아

애를 먹었다. 게다가 기름이 떨어져 가는데 주유소를 발견할 수 없었다. 국경만 넘어서면 독일 지역에는 주유소가 있으리라 예상했는데, 구동독 지역은 동구권의 다른 나라들과 마찬가지로 주유소가 희소했다. 그래도 에르쯔게비르게(산맥)을 넘어서면서부터 다행히도 내리막길이라, 빨간 경고 램프가 켜진 채 몇십 킬로미터를 달려서 겨우 기름을 넣을 수 있었다. 수많은 자동차들이 꼬리를 물고 서서 순서를 기다리는 이 주유소에는 화장실이 남녀 각각 한 칸씩밖에 없었다. 주유를 끝낸 다음에는 소변을 보기 위해서 또 오랜 시간을 기다려야만 했다. 그때 나는 서독과 동독의 차이를 새삼 실감했고, 서구와 동구의 생활문화 사이에 얼마나 원시적 격차가 있는가를 깨달았다.

그렇다. 주유소라는 곳이 불과 오십 년 전만 해도 우리나라에서는 보기 드문 시설이었지만, 이제는 좁아진 세계에서 필요불가결한 교통문화의 척도가 되었다. 자동차 운전이나 장거리 여행에서 가장 자주 드나드는 간이역의 존재가 된 주유소의 기능은 무엇보다도 급유와 휴식인데, 우리나라의 경우 전자는 비교적 잘 되어 있지만, 후자는 아직도 개선할 점이 많은 것으로 보인다.

고속도로 연변의 대형 휴게소는 그래도 괜찮은데, 그 수효를 늘려서 미아가 발생할 정도로 손님이 붐비는 것을 해소해야 한다. 국도나 지방도로 근처의 주유소에는 아직도 화장실이 불결한 곳이 많다. 유리창을 닦는 워셔액이나 공기압 체크 정도는 서비스로 제공해야 할 것이고, 주정차가 점점 어려워지는 도시 여건 속에서 조금이나마 운전자의 편의와 휴식도 도와주도록 해야 할 것이다.

지방도로에는 도로 표지판이 너무 부실하거나 또는 불분명하게 표시된 경우가 많다. 자동차와 주유소와 고속도로가 나와 같은 한글 첫 세대에게는 지금도 유년시절과 전혀 다른 풍경으로 보이지만, 앞으로 자라나는 세대에게는 이 세상의 근원적 존재현실이 될 터이다. 모자라는 것은 되도록 빨리 보완하고, 잘못된 것은 개선해 나아가는 것이 장래를 도모하는 길이다.

(1993)

사람의 아들

휴전선을 사이에 두고 백만 대군이 대치하고 있는 우리의 현실을 꼭 들먹이지 않더라도, 병역과 납세의 의무는 한 국가를 지탱하는 기초가 된다. 그럼에도 불구하고 고위층이나 부유층, 특수 공무원 자제들의 병역의혹은 우리나라의 뿌리 깊은 부조리 가운데 하나로 알려져 있다. 세금을 거두어들이는 열성에 비하여 병역관리의 엄정성이 부족하기 때문이라고 단언할 수는 없다. 그러나 형평성의 문제는 간과해서는 안 된다.

얼마 전 국정감사에서도 특수 공무원 자제들의 현역 복무율

이 일반 국민의 경우보다 7.9% 낮고, 이들의 면제율이 국민표준치보다 2.1% 높다는 주장이 나왔다고 한다. 한 번밖에 살 수 없는 인생의 귀중한 젊은 날을 병역의 의무에 바치는 대다수의 선량한 국민이 이에 대하여 어떠한 반응을 보일 것인지는 말할 필요도 없다. 그런데도 이러한 의혹이 사정과 개혁의 준엄한 심판을 넘어서 끊임없이 되풀이되는 까닭은 병역관리제도 자체에 있는 것 같다. 국민의 신성한 의무에다가 경우에 따라 적용되는 면제 조항을 붙여 놓았기 때문이다. 한때는 석사장교라는 제도가 있어서 대통령의 아들을 포함한 대학원 졸업생들이 몇 달 만에 병역을 끝내도록 특혜를 베푼 적도 있었고, 방위병 단기 복무의 대열에서 제외된 건강한 젊은이들이 '사람의 아들'로 태어났음을 한탄하며 현역복무에 징집된다는 우스갯소리도 널리 알려져 있다. 모두가 형평성의 결여에서 비롯된 것이다. 세금포탈의 원천을 봉쇄하는 기강으로 임한다면 병역특혜나 면제 조항을 철저하게 관리할 방법이 없지는 않을 것이다. 무엇보다도 신체 장애자나 불치의 환자가 아닌 한, 모두 청년이 현역으로 복무하도록 하고, 그 기간을 단축하는 방향으로 근본적인 제도를 고치면 어떨까. 현역에 부적합한 신체 허약자는 병역과 똑같은 복무기간을 양로원이나 병원 봉사, 또는 폐품 수거 등 공익 근무 요원으로 투입하고, 운동선수 등 특기 보유자도 현역 복무 분야에서 해당 특기를 활용할 방법을 찾으면 된다. 미국의 세기적인 가수 엘비스 프레슬리도 젊었을 때 사병으로 징집되어 병역을 필했다. 왜 우리나라에서는 조금만 유명해진 젊은이면 대뜸 병역면제를 거론하는지 알 수 없다. 우리는 모두 사람의 자손들 아닌가. (1997)

걸어가는 퇴직자

 박물관이나 전시회에 들르면 비교적 꼼꼼히 돌아보는 것이 나의 버릇이다. 옛날의 유품이나 먼 나라의 사물을 관찰하고 그림이나 조각 등 예술작품을 감상하는 도중에 지식의 획득 못지않게 간접적 상상의 체험을 겪게 되는 수도 많기 때문이다.
 지난 2월에는 몽골 풍물전시회를 보러 갔다. 광고를 보고 기대했던 데 비하면 빈약했지만, 몽골에 대한 나의 선입관을 다소 수정해 줄 정도는 되었다. 그날은 평일인데도 관람객이 많았고, 특히 늙수그레한 신사들이 오랫동안 전시물을 세심하게 관찰하고 비디오 상영을 반복해 보는 것이 눈에 띄었다. 국민소득이 높아짐에 따라 문화적 민도도 상승하는 것이라고 느꼈다.

그런데 왜 청년층이나 여성 관람객보다 하필이면 초로의 남성 관람객이 훨씬 많을까. 나의 막연한 의문은 두어 달 뒤에야 풀렸다. 동년배 친구들과 어울린 어떤 술자리에서 마침 조기정년퇴직에 관한 이야기가 나왔다. 55세부터 본격적으로 퇴직 압력을 받기 시작하여, 두 해가 지나면 강제집행이 뒤따르고, 환갑 때까지 직장을 지키기는 매우 힘들다는 것이었다. 도심의 길거리에서 옷을 멀쩡하게 차려입은 초로의 사내가 다른 행인들보다 아주 천천히 걸어가거나, 쇼윈도나 광고 게시판을 유심히 들여다본다면, 그 사람은 틀림없이 정년퇴직자라는 말도 나왔다. 대개 65세까지 일자리가 보장된 훈장이나, 원칙적으로 정년이 없는 글쟁이들이 얼마나 행복하냐는 엉뚱한 결론 끝에 나더러 2차를 사라는 제안까지 나왔다. 아, 그렇구나. 몽골풍물전시장에서 오랫동안 시간을 보낸 초로의 관람객들이 바로 정년퇴직자들이었음을 나는 그때서야 깨달았다. 어쩌면 그들이 나를 보고, 저 친구는 우리보다 젊어 보이는데 벌써 목이 잘렸나 하고 가엾게 여겼을지도 모른다.

사실 가여운 일이다. 가부장의 권위가 사라진 지 오래된 오늘날, 늙어가는 남자가 집안에서 받는 대접이란 보잘 것 없게 마련인데, 직장까지 잃고 나면, 아무리 목에 힘을 주고 다녀도, 불쌍해 보이지 않을 수 없을 것이다. 하지만 어쩔 것인가. 우리 사회의 고용구조가 근본적으로 바뀌지 않는 한, 앞으로도 일찍 죽지 않는 남자들이 대부분 이러한 인생의 과정을 거치게 될 것 아닌가. 내가 보기에는 이들이 가엽다기보다 아깝다. 모든 유혹을 벗어나, 이제 겨우 자기의 천명을 알게 된 나이에, 지금껏 쌓아온 인생의 경륜을 무용지물로 돌리고, 무위도식하듯 여생을 보내게 되다니. 특히 지금 50대 후반에 접어든 세대가 더욱 그렇다. 1940년대 일제시대 말기에 태어나 해방의 소용돌이와 동족상잔의 한국전쟁 속에서 소년 시절을 잃어버리고, 좌절된 4·19 민주혁명과 5·16 군사정변, 그리고 월남전 참전의 쓰라린 고통 속에서 청년 시절을 보내고, 30년 가까운 독재와 억압 아래서도 눈부신 경제성장의 견인차 역할을 하고, 나이 오십 줄에 들어서야 겨우 민방위 복무에서 벗어나 문민정부를 맞이한 세대가 그 파란만장한 체험의 축적을 조기 정년퇴직에 묻어버리는 것은 분명히 아까운 일이다.

  나이가 들수록 점점 빨라지는 시간을 힘겹게 쫓아가면서, 또는 바싹 다가오는 시간에 쫓기면서, 그들은 오늘까지 평생을 헐떡이며 달려왔다. 그 사나운 시간이 갑자기 보조를 바꾸게 되자, 종래의 관성에서 벗어나지 못하는 많은 퇴직자들이 그 느린 속도를 견디지 못하는 모습은 옆에서 보기에도 안타깝다. 평생 일만 하면서 살아온 그들은 이제 쉴 줄 모르게 된 것일까. 그들에게 어떤 형태로든지 계속 일자리를 보장해 줄 수 있다면 가장 좋겠지만, 그렇지 못할 바에는 그들이 자기의 시간을 되찾아 누릴 수 있어야 하겠다. 자동차를 타고 달려가면서 보행자를 바라보는 그런 눈길로 그들을 보지 말고, 힘든 일을 끝내고 여유 있게 쉬는 사람으로 사회가 그들을 존중해야 할 것이다. 그리고 천천히 걸어가는 것이야말로 바로 인간의 가장 위엄 있는 기본 속도라는 것을 그들 자신이 깨달아야 할 것이다.

(1996)

게오르크 뷔히너 생가(生家)

다름슈타르는 독일 헤센주에 있는 인구 14만 명의 작은 도시다. 이곳에는 바로크 양식의 성곽이 한 채 있을 뿐, 별로 볼만한 것이 없어 일반 관광객은 그냥 지나가 버린다. 독일 언어문학 예술원이 이 도시에 자리 잡고 있고, 독일의 여러 문학상들 가운데서 가장 권위 있는 '게오르크 뷔히너' 상이 이곳에서 수여된다는 사실은 아마 독문학도에게나 흥미가 있을 것이다.

19세기 초에 24세의 짧은 생애를 살고 간 게오르크 뷔히너는 「당통의 죽음」, 「보이체크」 등을 쓴 선구적인 리얼리즘 극

작가로 독일문학사에 큰 자취를 남겼고, 우리나라에서도 여러 차례 그의 작품이 공연된 바 있다. 다름슈타르는 바로 이 작가의 고향이다. 나는 그의 생가라도 한번 찾아보고 싶어서 이 도시에 들렀다.

경찰, 택시 운전사, 상점 주인, 행인들에게 뷔히너의 집이 어디 있느냐고 물어보았더니, 대체로 그들의 대답은 "뷔히너가 무엇을 하는 사람이냐?"는 것이다. 심지어 어떤 노인은 "그가 아마 이사를 갔을 것"이라고 대답해 나를 웃겼다. 선지자는 고향에서 알아주지 않는다는 말은 분명히 동서고금의 진리였다.

이곳의 극장을 찾아가서 마침 '당통' 역을 맡았던 배우를 만난 덕분에 가까스로 주소를 알아냈다. 그라펜로(路) 39번지를 찾아 갔다. 왼쪽은 가정용품 상점, 오른쪽은 주택은행, 그 사이에 비어 있는 통로가 바로 그 장소였다. 그 통행로의 2층에는 조그만 기념판이 하나 붙어 있었다. "이곳에 게오르크 뷔히너(1813~1837)의 생가가 있었음. 여기서 작가는 희곡 「당통의 죽음」을 썼음."

모처럼 귀중한 시간을 내어 찾아간 사람들에게는 적잖은 환멸이었지만, 동시에 과장 없는 현실의 체험이기도 했다.

서울에도 유명한 문인이나 학자, 예술가가 태어난 집은 많을 것이다. 거기에 이런 기념판이라도 하나 붙여 놓은 곳이 있는지 모르겠다. 우리나라를 찾아오는 외국 관광객들이 서양식 고층건물을 보러 오는 것은 분명 아닐 테니까 말이다. (1983)

목골 가옥과 전통 한옥

현대 과학 기술의 요람이 된 나라들 가운데 독일을 빼놓을 수 없다. 각종 화학공업 제품과 자동차 생산으로부터 하이테크 환경산업에 이르기까지 독일의 과학기술은 세계를 선도하고 있다. 루우르 공업지대처럼 산업시설과 공장들이 밀집해 있는 곳이 바로 그 현장이다. 그러나 이러한 공업지대를 벗어나면, 고속도로나 철도 연변의 풍경이 목가처럼 아름답고, 도시의 모습도 고색이 창연하다. 어디를 가나 볼품 없는 직사각형 고층아파트 건물들이 시야를 가로막는 우리나라와 아주 다르다. 독일인들이 고층빌딩을 지을 줄 몰라서 그런 것은 아니다. 프랑크푸르트처럼 마천루가 즐비한 도심도 있으니까 말이다.

제 2차 세계대전 때 완전히 잿더미가 된 폐허 위에 그들은 반세기 동안 오늘과 같은 전원과 도시를 이룩해 놓았다. 전쟁 때 파괴되지 않은 주거지와 전후에 마구잡이로 재건할 수밖에 없었던 일부 도시 지역을 빼면, 모두 옛 모습 그대로 다시 만들어 놓은 것이다. 재건이라기보다는 복원이라고 말해야 옳을 것 같다. 과학기술 분야에서 진보적인 독일인들이 국토 보존과 도시 건설에서는 보수적인 듯 하다.

궂은 날씨 탓에 집안에서 많이 살기 때문인지 몰라도, 독일인들은 집을 정성들여 가꾼다. 신축한 아파트 건물보다 오래된 개인 주택을 선호한다. 이미 15세기 때의 주택건축 양식이었던 목골 가옥(木骨家屋, Fachwerkhaus)들이 지금도 도처에서 눈에 띈다. 하르쯔 산맥의 중세도시 고슬라 같은 곳에는 1526년에 지은 목골 가옥에서 오늘도 사람이 살고 있다. 이렇게 드물게 보존된 주택을 빼놓고는, 오늘날 고풍스럽게 보이는 도시 젤레나 프로이덴베르크의 목골 가옥들이 모두 전후에 옛 모습대로 복원된 것이다. 나무기둥과 벽중방, 문틀과 창틀을 노출시키고 그 사이를 점토나 벽돌로 메운 다음, 문양을 그리거나

독일의 목골 가옥(프로이덴베르크)

색칠을 해놓은 목골 가옥은 동화에 나오는 집처럼 화려하고 아름답다. 바라보는 것만으로도 즐겁고 기쁘다. 이 옛날 집들은 오래된 도심의 광장이나 골목길에 명소로 자리 잡고, 관광객의 눈길을 끈다. 사암(砂岩)이나 벽돌로 지은 교회나 궁전 건물과 달리, 목골 가옥은 독일의 전통 주택문화에 역사적 정체성(正體性)을 부여하고 있다. 인간이나 건물이나 민족이나 국가나 그 나름의 아이덴티티는 존재의 본질적 원형을 구성하기 마련이다. 목골 가옥을 문화재로 보존하는 독일의 문화정책은 그러므로 당연한 조치라 할 수 있다. 하지만 이것을 실행하기는 쉽지 않다는 것을 우리는 요즘 와서 깨닫고 있다.

오백 년 도읍지를 자랑하는 서울을 보자. 우리의 정체성이 구현된 주택문화를 과연 찾을 수 있는가. 조선 왕조의 궁궐 몇 군데와 고택 몇 채를 이전해 놓은 남산 한옥마을을 빼놓으면 모두가 국적 없는 양옥집과 아파트 건물과 사무실 빌딩, 그리고 요즘 한참 건축 중인 이른바 주상복합 고층빌딩뿐이다. 20세기 전반기까지 서울의 사대문 안팎을 가득 채웠던 품위 있는 한옥 기와집과 평화로운 초가집들이 후반기 50년 동안에 흔적도 없이 사라져 버렸다. 물론 전쟁 때문이었고, 뒤따른 근대화 때문이었다. 연합군에 패망한 독일의 폐허에서는 라인강의 기적과 함께 목골 가옥이 되살아났는데, 한강의 기적을 실현한 서울에서는 경제적 번영에도 불구하고 전통 한옥이 자취를 감추었다. 우리의 근대화가 서양의 발전을 모델로 삼은 것이라면, 당연히 독일처럼 전통 가옥이 남아 있어야 한다. 한국적 근대화라는 독자적 모델을 개발한 것이라 해도, '민족중흥의 역사적 사명'이 전통 가옥의 파괴에 있을 리는 없다. 도시계획도 정책 입안도 없이, 뉴욕처럼 고층빌딩이 많고, 홍콩처럼 아파트 건물이 많은 도시를 만드는 것이 곧 근대화라고 믿었기 때문에, 그리고 정경유착에 의한 부동산 투기가 난무하는 가운데 야경밖에 볼 것이 없는 도시가 되고 말았다. 주변을 둘러싼 산봉우리의 아름다운 스카이라인까지 잃어버린 것이다.

물론 독일의 도시들도 19세기 이후 건축양식이 바뀌었고, 20세기 후반기에는 철근과 시멘트와 유리를 건축 자재로 쓴 현대식 건물들이 주조를 이루게 되었다. 그러나 이 포스트 모던한 건축물들도 자세히 살펴보면, 전통적 목골 가옥이나 중세 성곽의 외양과 구조가 변용된 형태임을 알 수 있다. 독일 건축양식의 정체성이 도시의 현대 건물에 발전적으로 계승되고 있다. 또한, 신축 건물의 높이를 환경친화적으로 규제하고, 지붕과 벽의 색깔을 도시 전체의 색조와 맞추고, 길가의 나무 한 그루도 시청에서 직접 관리하는 등 도시 가꾸기에 힘쓴 결과, 독일의 도시들이 오늘날처럼 아름답고 특색 있는 모습을 갖추게 된 것이다.

이제는 우리나라의 주택 사정도 가구당 집 한 채를 넘어섰다고 한다. 재개발로 다시 짓는 아파트 건물이라도 앞으로는 성냥갑 모양을 버리고, 한국적 정체성을 살려 새로운 설계를 해야 한다. 개인 주택이나 연립주택은 전통 한옥의 멋을 얼마든지 변형하여 수용할 수 있을 것이다. 우리의 정체성은 우리 스스로가 찾아야 한다. 그리고 그것을 보존-발전-계승해 나가는 것이 세계화 시대에도 한국문화가 존재해야 할 이유다.

(2003)

보이지 않는 문화의 힘

오랫동안 한국에서 근무한 독일 외교관에게 들은 이야기다. 자동차로부터 주방용품에 이르기까지 독일의 각종 상품이 한국에서 많이 팔리는 이유는 물건 자체의 우수한 성능 못지않게 '독일제'라는 상표가 큰 역할을 한다는 것이다. '독일'과 함께 떠오르는 문화적 이미지, 예컨대 괴테, 하이네, 브레히트 같은 작가들, 바하, 베토벤, 브람스 같은 음악가들, 칸트, 헤겔, 니체 같은 철학자들, 루터나 마르크스 같은 사상가들, 뢴트겐이나 아인슈타인 같은 과학자들의 후광이 복합적으로 작용하여 '메이드 인 저머니'를 형성한다는 것이다. 물질 문명과 정신적 문화배경이 함께 어울려 연출하는 이러한 시너지 효과를 거두지 못하면, 이른바 제3세계의 울타리를 벗어나기 힘들다는 지적이었다. 그런데 돌이켜보면, 신라의 난숙한 문화가 꽃필 때 독일 인종은 로마제국 변방의 야만족에 머물러 있었고, 고려의 이름이 해외 무역을 통하여 코리아로 널리 알려질 때, 독일은 중세의 암흑기를 헤매고 있었다. 유럽에서 17세기까지 정치적 지진아, 문화의 후진국으로 처져왔던 독일에 비하면, 지난날의 우리 역사와 문화는 눈부시다고 말해도 과언이 아니다. 그런데 왜 한국은 세계무대에서 문화적 인정을 못 받는 것일까. 비록 20세기 전반기에 일본의 식민 지배와 동족상잔의 비극을 겪고 후반기에는 국토 분단 상황이 계속되고 있지만, 그것 자체도 한국의 상징으로 작용할 수 있지 않을까.

우리가 문화적 산물을 경제적 상품과 연결시키지 못했기 때문이라고 생각된다. 한국과 독일간의 문학 교류 행사에 초청받아 우리나라에 왔다간 독일의 어느 중견작가도 그런 말을 했다. 이를테면, 유럽의 TV 화면에 한국산 자동차 광고를 하는데, 인쇄술이나 거북선을 자랑하는 동방의 문화 국가 코리아에서 한국인의 솜씨로 만들었다는 점을 전혀 나타내지 않고, 브라질 해안을 배경으로 바나나 보트송이 울려나오는 엉뚱한 장면을 넣었다는 것이다. 왜 당신들은 그 찬란한 고유의 문화 대신에 서양 흉내만 내려고 하느냐고 안타까워했다. 인간이나 사물이나 자기 정체성이 없으면, 독자적 개성이나 고유의 가치가 소멸된다. 흔히 말하는 부가가치라는 것이 꼭 세금을 더 걷기 위해서만 있는 것은 아니다.

 지난여름에는 쮜리히의 박물관에서 한국 고미술작품 전시회가 열렸다. 이를 계기로 한국의 현대 도자기 전시회, 한국 예술영화 상영, 무용과 음악, 태권도 시범과 한국 음식 맛보기, 그리고 한국 문학작품 낭독회가 동시다발적으로 개최되어 역사상 처음으로 스위스의 독일어권에 우리의 문화예술을 크게 선양했다. 나도 한국 작가단의 일원으로 시를 읽었는데 낭독회가 끝난 후, 독역 시집에 사인을 받아간 현지인들이 스무 명이나 되었다. 그러니까 고답적인 전통 문화예술 말고도 태권도와 사물놀이, 김치와 불고기 등 생활문화 쪽의 호응은 더욱 컸을 것 아닌가. 이러한 문화행사가 수출산업의 전초적 역할을 할 수도 있을 터인데, 그냥 일회성 행사로 끝나고 마는 것은 참으로 유감스러운 일이다. 세계 현대예술에서 새로운 고전의 반열에 오른 윤이상의 음악이나 백남준의 비디오 아트도 한국 예술의 세계화 차원에서 적극 수용하여 미래로 향한 도약의 발판으로 삼아야 할 것이다. 문화예술에 대한 과감한 투자와 적극적 지원이 장기적으로 보면 물질적 상품의 부가가치로 나타나 국가발전에 기여한다는 사실을 오늘날의 신지식인들은 간과하고 있는 것 같다.

2001년은 한국 방문의 해라고 한다. 일단 캐치프레이즈를 내걸었으면, 그 방면의 행사를 활성화시켜서, 관광 수입도 많이 올려야 할 것이다. 우리의 문화예술을 관광객에게 잘 보여주는 것이 앞으로 더욱 많은 관광객을 제 발로 오도록 만드는 씨앗이 되리라 믿는다. 도시의 약도나 기념품, 광고전단을 뿌리는 단계에 머물러서는 안 된다. 내년은 월드컵의 해이다. 국제적인 스포츠의 축전이지만, 21세기 벽두에 한국을 온 세계에 알리는 절호의 기회가 될 수 있다. 축구 경기장의 시설과 규모, 그리고 한국 축구팀의 전력 못지않게, 한국의 정치, 경제, 사회, 문화를 총체적으로 내실 있게 보여주는 것이 중요하다. 서양에서 수입한 축구 경기도 잘하거니와, 고유한 문화와 전통과 역사와 미래를 가지고 있는 나라임을 부각시켜야 할 것이다. 겉으로 보이지 않는 문화의 힘이 바로 '메이드 인 코리아'의 원동력이다. (2001)

낙엽수의 갱생력(更生力)

1년 4계절 변함없이 푸르른 소나무나 전나무의 기개를 찬양하는 사람들이 많다. 물론 늘푸른나무의 꿋꿋함과 아름다움을 통째로 부인할 수는 없을 것이다. 그러나 자세히 관찰해 보면 상록수보다 오히려 낙엽수가 더욱 굳세고 아름다운 점도 없지 않다.

봄에는 싹이 트고 꽃이 피며 여름에는 신록의 풍요로움을 보여주고 가을에는 열매와 잎을 떨구는 갈잎나무의 다양한 변모는 언제나 푸르기 만한 상록수의 단조로움에 비하면 훨씬 아름답다. 또한 늘 푸른 나뭇잎 옷을 입고 있는 상록수와 달리 낙엽수는 날씨가 추워질수록 옷을 벗는다. 여름내 길러온 그 숱한 잎들을 모조리 떨구어 대지를 덮어주고 자신은 추위와 눈보라 속에 벌거벗은 채로 겨울을 맞이한다. 겨울의 혹독한 시련을 맨몸으로 견뎌내는 기개로 보아도 낙엽수가 상록수보다 더욱 굳센 바 있다.

그리고 봄이 오면 얼어 죽은 것만 같았던 가지에서 어김없이 새싹이 돋아나고 꽃이 핀다. 이처럼 해마다 새롭게 되살아나는 낙엽수의 힘을 상록수는 갖고 있지 못하다. 아무리 '독야청청'한 소나무라도 한번 병이 생겨 시들기 시작하면 돌이킬 수도 없이 죽어버리고 마는 것이 상록수의 특성이다. 그러나 낙엽수는 끊임없이 피었다 지고 죽었다 다시 살아나는 자기 갱생력(更生力)을 지니고 있다.

그런데도 불구하고 많은 사람들이 늘푸른나무를 좋아하는 까닭은 아마도 나무에 대한 무의식적인 고정관념 때문이리라.

줄기와 가지만 앙상하게 드러낸 채 겨울철 길가에 또는 바람 찬 산꼭대기에 서있는 나목의 모습은 어쩌면 나무의 정신을 보여주는 것이기도 하다. 이것을 보지 못하고 앞으로 가려진 나무의 육체만 사랑하는 것이 우리의 습관인 것 같다.

세월이 바뀌어도 전천후 금력과 권력을 자랑하는 사람들을 상록수에 비유한다면, 사육신(死六臣)의 한 사람이었던 성삼문(成三問)에 대한 모독이 될지도 모르겠지만, 나목으로 겨울을 견뎌내고 묵묵히 서 있는 수많은 낙엽수가 바로 돈 없고 힘없는 서민들을 상징한다고 해서 반대할 사람은 없을 것이다.

이제 입춘을 앞두고 찬바람 속에서도 햇볕은 따사로워지고 있다. 겨우내 추위에 시달려온 갈잎나무들은 멀지 않아 곳곳에서 줄기차게 되살아날 것이다. (1987)

2부

역사라는 이름의 교사

역사라는 이름의 교사

　　　　　　　　　　이번 선거에서 현저하게 드러난 양상
으로 세대간의 갈등을 빼놓을 수 없다. 동시대를 함께 살아가
는 청년, 장년, 노년은 넓게 보면 한 가족이나 마찬가지인데,
아버지와 아들, 언니와 동생 사이를 갈라놓고, 싸움을 부추기
는 발언을 정치인이 서슴지 않은 것이다. 1960년대 후반에 유
럽의 청년들을 매혹시켰던 "30세 이상의 인간을 신뢰하지 말
라"는 구호에는 그 과격한 단견에도 불구하고 청년의 덕목을
옹호하려는 기백이 살아있었다. 그러나 60세 이상은 투표에서
빠져주기를 바라는 발상은 한국의 오늘을 만든 부모 세대를 폄

출하는 배은망덕의 소치가 아닐까. 돌연한 사고로 갑자기 죽지 않는다면, 청년은 금방 30세를 넘게 되고, 불치병에 걸리지 않는다면, 사오십 대의 장년층도 곧 60세를 넘겨 살게 마련이다. 서구의 68세대가 지금 그 나라의 수상이나 장관 노릇을 하고 있지 않은가. 세대간의 갈등은 동서고금을 막론하고 지속되어 왔고, 앞으로도 계속되겠지만, 이것은 어디까지나 극복해야 할 대상이지, 정략적으로 이용할 무기는 절대로 아니다.

그렇다고 노년층을 무조건 경배하라는 말은 아니다. 노년 가운데는 스스로를 항상 젊다고 착각하는 귀여운 늙은이도 있고, 지극히 보수적인 방식으로 자기의 혁신적 성향을 표출하는 지명인사도 있다. 산전수전 다 겪으며 살아남은 자의 고집도 있다. 아무리 혁신적이고 진보적인 견해라 할지라도 자기의 주장만이 옳다고 역설하고, 타인의 이견은 매국노처럼 배척하는 언행은 반면교사로 삼아야 할 것이다. 그런데 청장년층에도 이러한 언행이 확산되고 있음을 우리는 이번에 '탄핵공방'과 방송 언론 매체들 사이의 상호 비방과 대립 갈등에서 확인할 수 있었다.

신문 방송 등 언론 매체들이 국론 분열과 갈등 증폭에 앞장서는 현상은 지난 1년 동안 무척 심해진 것 같다. 물론 개인 각자가 자기의 고유한 의견을 가지고 있듯이, 조직이나 단체도 목적과 노선을 밝힐 수 있을 것이다. 그러나 신문 방송 매체는 사회의 공기로서 사실의 신속 공정한 보도가 가장 중요한 임무다. 이것을 무시하고 선별적 편파적 보도를 통하여 현실을 왜곡하고 특정 방향으로 독자와 시청자를 몰고 가려는 경향은 국민 전체를 우중(愚衆)으로 취급하는 기만적 행위라 아니할 수 없다. 이러한 현상은 지나간 20세기 후반기부터 정권이 바뀔 때마다 반복되었는데, 21세기에 들어와서도 달라질 기미를 보이지 않는다. 변화와 발전에 앞장서야 할 매체들 자체가 눈부신 기술적 혁신에도 불구하고 구태의연한 보수적 태도를 견지하고, 정치인들 못지않게 자기들끼리 상호 비방하면서 이전투구를 벌이는 것은 참으로 보기에 민망하다. 소위 지성인들마저도 이러한 분열과 대립의 어느 한쪽에 들러리를 서서 편을 들며 앙가쥬망을 표방하는 것은 더욱 그렇다.

물론 양시론이나 양비론은 비생산적일 수도 있다. 하지만 모든 사물의 복수적 양태를 인정하는 입장에서 논의가 시작되어야 한다. 상하 좌우 등 두 개 이상이 다원주의의 출발점이다. 왼손과 오른손, 왼발과 오른발을 함께 움직이며 우리는 살아가고 있다. 한쪽 눈만 있거나 한쪽 귀가 없으면 기형이나 불구로 간주하면서도, 좌우의 어느 한쪽만을 고집하는 것은 그릇된 태도다. 또한 한쪽에만 유리한 여론보도도 삼가야 한다.

바야흐로 여론조사 만능시대에 접어들었다. 앞으로는 대통령, 당 대표, 국회의원 선거도 필요 없지 않을까 생각될 만큼, 모든 중요 행사에 앞서 여론조사 결과가 자발없이 발표된다. 때로는 여론조작의 임무까지 겸하고 있지 않나 의심되기도 한다. 가령 하루하루의 세상만사를 모두 앞질러 여론조사 결과로 발표한다면 실패나 좌절은 없을 것인가. 조사도 공정해야겠지만, 발표는 더욱 신중해야 할 것이다.

일단 선거는 끝났다. 역사의 한 페이지로 편입되었다. 승자나 패자나 이번 선거에서 새로운 것을 많이 배워야 한다. 역사는 나선형으로 반복하면서 발전하는 것이니까. (2004)

요람에서 무덤까지

지난 학기 초에는 신입생들의 수강신청 지도를 맡아 1학년 교실에 들어갔었다. 아직 고교생이나 재수생의 티가 가시지 않은 대학 초년생들은 처음으로 대학에 발을 디딘 호기심과 기대감으로 가득 차 있었다. 나는 주의사항을 전달하고 소정 용지를 배부한 다음, 학생들이 수강신청서를 작성하는 동안 교실을 돌아보았다. 뒷줄 한구석에 앉아 있는 여학생이 눈에 띄었다. 화장을 엷게 했고 나이도 들어 보였다. 요즘은 병역을 끝내고 입학하거나, 또는 직장에 다니다가 느지막하게 큰 뜻을 품고 대학에 들어오는 학생들도 더러 있으므로, 처음에는 늙은 신입생이거니 생각했었다. 그런데 두 번째로 교실을 돌아볼 때도 이 나이 먹은 여학생은 아무 것도 쓰지 않고 그냥 앉아 있었다. 용지를 못 받았느냐고 물었더니, 웃으면서 앞에 앉은 커다란 남학생을 눈으로 가리켰다. 나중에 두 사람이 고급 승용차를 타고 나가는 것을 보고서야 그 늙은 여학생이 아들을 따라온 어머니임을 알았다.

요새는 대학교에서도 입학 초기에 학부모들이 학생들을 따라 오는 일이 적지 않다. 학부모들은 대개 교실 밖 복도에 서 있는데, 이 젊은 어머니는 교실에까지 따라 들어와서 아들 뒤에 앉아 있으니 선생이 착각을 한 것도 무리는 아니었다.

자녀에 대한 부모의 사랑은 본능적인 보호의 형태로 나타나는 수가 많다. 어렸을 적에는 말할 것도 없고 자녀들이 성장한 다음에도 부모의 보호 본능은 변함없이 지속된다. 80세의 어머니가 60세의 아들에게 길에서 차 조심하라고 잔소리를 하지 않는가. 앞의 예도 이러한 보호 본능의 형태 가운데 하나일 것이다. 지난 사오월 학생들의 시위운동이 격렬하게 벌어지던 때에는 이 어머니가 학교에 와서 아들을 차에 태워 데리고 가는 것도 몇 번 목격한 적이 있다. 그 젊은 어머니는 이 아들을 유치원부터 초등학교, 중학교, 고등학교를 거쳐 대학에 이르기까지 극성스럽게 쫓아다니며 보호하고 있음에 틀림없다. 추측컨대 이 학생의 경우, 앞으로 병역문제도 어머니가 앞장서 처리할 것이고, 결혼 상대자도 어머니가 알아서 선택할 것이고, 아파트도 어머니가 미리 마련해 줄 것이고, 아기도 낳으면 어머니가 맡아서 길러 줄 것이다. 그리하여 이 아들은 나이 삼사십이 되어서도 엄마에게 모든 것을 의지하는 귀여운 어른이 될 것이다.

지나치게 유능한 어머니의 극성스러운 과잉보호는 자식을 영원한 어린애로 만들기 쉽다. 우리나라의 많은 청소년들이 덩치 큰 유아로 머물러 있는 것도 이러한 결과이다.

그러나 겉으로 보기에는 반드시 그렇지도 않다. 예컨대 어디든지 청소년들이 모인 곳에서는 시끄러울 정도로 발랄한 생기와 활력이 넘쳐 흐르게 마련이다. 휴식시간의 왁자지껄함, 운동장에서 들려오는 함성, 디스코텍의 열기, 여행을 떠나려고 역전 광장에 모인 학생들의 무리는 누구에게나 그들의 힘찬 맥박과 잠재적 능력과 미지의 가능성을 느끼게 한다. 이들에게서 두드러지게 나타나는 외면의 공통점은 오히려 여러 모로 조숙하다는 것이다. 옛날보다 평균 신장이 커진데다가 복장의 다양화로 제각기 옷맵시를 낸 것이 우선 눈에 띈다. 그리고 담배를 피우고 노름을 하는 숫자가 많아진 것도 그렇다.

흡연 연령이 낮아지면서 동시에 성인층의 금연 인구가 늘어가는 추세는 세계적인 현상인 것 같다. 우리나라에서도 많은 청소년들이 일찍부터 어른 흉내를 내어 담배를 피우고, 과잉보호족 엄마들은 자식의 몸을 아끼는 나머지 양담배를 구해다 먹이기도 한다고 들었다. 청소년 흡연자들은 노상에서 담배를 가지고 불장난을 하기도 한다. 담뱃불을 서로 던지고, 목덜미에다 집어넣고 하는 장난질은 꼭 원숭이들의 짓거리처럼 보인다. 담배를 피우는 기본 자세가 있다면, 아마 이런 것은 아닐 것이다. 터미널이나 대합실에서 차를 기다리는 동안 기타를 옆에 세워놓고 땅바닥에 둘러앉아 돈 따먹기 카드놀이를 벌이는 것도 아름답지는 않다. 싹쓸이 판이라든가 하는 험악한 노름 용어들도 모두 어른들의 사회에서 배운 것이겠지만 듣기 흉하다. 또 전철이나 버스 칸에서 많은 승객들의 귀가 열려 있는 가운데 천박한 수다를 떤다든가, 영화관에서 첫 장면부터 엔드 마크가 떠오를 때까지 계속해서 껌을 씹으며 지껄여대는 청소년들도 많은데, 이런 것은 발랄한 생기의 표현이 아니라 교양이 없다는 증거다. 아마 집에서 TV를 볼 때, 주전부리를 하면서 화면을 보고 지껄여대는 버릇이 몸에 붙어서 그럴 것이다. 어쨌든 끊임없이 내용 없는 말을 지껄여대는 것은 그 사람의 머리 속에 생각이 없다는 것을 표시한다. 이런 사람일수록 정작 자기의 의견을 분명히 밝혀야 할 입장이 되면 침묵하고 만다. 어머니에게 물어 보아야 하기 때문인지도 모른다.

아버지 세대의 어른들 사회가 침묵에 의하여 지배되는 반면 아들세대의 청소년들 사이에는 무의미한 지껄임이 점점 성행하게 되는 경향은 요즘 부정할 수 없이 뚜렷해졌다. 이것이 하나의 생활양식으로 굳어진다면 세대 간의 대화가 단절된 일종의 침묵문화가 형성되는 수밖에 없을 것이다.

엄마의 뱃속에서부터 TV를 보며 자라온 오늘날의 청소년들은 버튼만 누르면 쏟아져 나오는 끝없는 말과 소리의 홍수에 너무 익숙해져서 잠시도 조용히 있을 수 없게 된 것이 아닐까. 또 어른들은 의미가 담긴 말을 잘못하거나 자기의 의견을 발표했다가 느닷없이 화를 당하는 것보다 입을 꼭 다물고 애매한 미소를 지으며 사는 것이 안전하다고 믿는 것이 아닐까. 그렇다면 지금의 청소년들도 그들의 삶의 어느 때부터인가는 갑자기 침묵하게 되고, 그때부터 그들은 어른이 될 것이다. 동시대의 같은 사회를 살아가는 아버지와 아들, 어머니와 딸의 사이가 이렇게 격절된다면, 정의와 복지와 화해와 단합은 모두 누구를 위한 것인가.

청소년들은 머지않아 어른이 되고 우리나라를 걸머져야 할 사람들이다. 그들을 자기 자식이라고 해서 무작정 보호하며, 매스컴이 선전하는 상표를 제복처럼 걸치고, 탤런트의 말투와 표정을 흉내 내며 생각 없이 지껄여대는 덩치 큰 유아로 만들어서는 안 된다. 또 어른들의 침묵문화를 과격한 행동으로 한꺼번에 뒤집어엎으려는 젊은이들의 혈기 방장한 시도를 일방적으로 부추기거나 억눌러서도 안 된다. 그야말로 요람에서 무덤까지 과잉보호를 하려는 어머니나, 너도 살아보면 삶의 쓴맛을 알게 될 거다 하고 침묵하는 아버지는 똑같이 잘못된 어른의 표본이다. 과잉보호의 그늘을 거두어 청소년들로 하여금 일찍 태양 아래 두 발로 서서 스스로 현실로 체험하고 생각하고 판단하고 행동하는 능력을 기르도록 해야 한다. 그리고 그들의 생각이 잘못되어 그릇 판단하고 비뚜로 행동할 때는 어른들이 몇 번이고 되풀이하여 일깨워 주어야 한다.

청소년들이 어른들의 기대와 요구에 어긋나는 행동을 한다면 그것은 어디까지나 어른들이 그들을 잘못 길러낸 결과이다. 어른들 가운데는 자기들이 저질러 놓은 원인을 생각지 않고 그 결과로 나타난 청소년들의 행동만을 나무라는 사람들이 많다. 청소년들의 잘못된 행동이 사회를 소란스럽게 한다면, 그들을 벌주려 하기 전에 어른들의 잘못을 반성하고 고쳐야 할 것이다. 내리사랑은 있어도 치사랑은 없다는 말이 있다. 어른들이 청소년들을 진심으로 사랑하고, 깊이 이해하고, 올바르게 지도해 나가는 것만이 우리의 침묵문화를 극복하고, 대화를 통하여 세대 간의 갈등을 해소하고, 참된 공동의 삶을 이룩하는 길이다. (1985)

우리의 물까지 인수합병될 것인가

물을 물 쓰듯 쓰는 습관이 우리에게 생긴 것은 그리 오래 되지 않았다. 1950년대까지만 해도 가정집에서 빗물을 받아서 허드렛물로 이용했다. 추녀 끝의 물받이 차양 아래 커다란 항아리를 놓고 빗물을 모아 두었다가 화초밭이나 채마밭에 주었던 것이다. 이런 이야기를 하면, 궁상스런 고사를 들먹인다고 퇴박맞기 쉽다.

그러나 국민소득이 우리의 네 배나 되고, 이른바 디지털 시대의 첨단을 가고 있는 독일의 중류 가정에서 지금도 빗물을 받아쓰는 것을 보고 나도 놀랐다. 내가 가 있던 곳은, 강수량이 많고 지표수가 풍부한 삼림지대로서, 물 걱정을 할 필요가 없는 고장이었고, 맛이 좋기로 유명한 맥주의 생산지이기도 했다. 그런데도 나의 하숙집 뒷곁 추녀 아래에 커다란 빗물 탱크가 설치되어 있었다. 날벌레가 생기지 않도록 여닫이 뚜껑이 장착된 이 구리 물통은 집을 지을 때, 부대시설로 만들었다고 한다. 백여 평 크기의 정원에 사흘간 줄 수 있는 물이 여기에 저장되어 있었다.

독일인들이 20세기 후반에도 끊임없이 개량해서 다양하게 이용하는 빗물 저수시설을 한국인들은 일천한 산업화 과정에서 깡그리 없애버렸다. 자연수를 이용하는 것이 곧 근대화에 역행하는 것이라고 믿기라도 한 것 같았다. 음료수 제조, 정원 급수, 자동차 세차에 똑같이 수돗물을 쓴다는 것은 어딘가 부조리하게 보이지 않는가.

산과 물을 잘 다스려야 천하를 다스릴 수 있다는 동양의 오랜 지혜를 쓸모없는 옛날 격언으로 여겨서는 안 된다. 전쟁의 포화로 폐허가 된 민둥산을 오늘의 푸른 산으로 만들기 위하여 우리는 반세기 동안 온갖 노력을 해왔다. 그 동안 난방 연료가 나무로부터 연탄을 거쳐 석유로 바뀐 것도 산림녹화에 결정적으로 기여했다. 짙푸른 녹음은 주말 산행을 즐겁게 하고, 이착

륙하는 비행기에서 굽어보면, 우리의 산하도 제법 풍요로운 느낌을 준다. 그러나 국토의 70 퍼센트에 달하는 산에 생산성 있는 경제림을 가꾸지 못한 것은 부끄럽기도 하다. 게다가 온갖 소비적 위락시설 공사로 산과 숲이 잘려나가고, 도시 주변의 그린벨트 훼손까지 가속화되는 현상을 보면, 치산치수(治山治水)라는 말이 진짜 옛말이 된 듯하다. 산이 망가지면, 물도 제 기능을 상실하게 마련이다.

덕유산 구천동 계곡 칠십 리를 예로 들지 않아도, 우리나라는 곳곳에 물줄기가 핏줄처럼 퍼져 있어 수자원이 풍부하기 이를 데 없다. 물은 말할 나위도 없이 생명의 근원이므로, 물을 제대로 다스리면 우리의 삶도 자급자족을 넘어 번영을 구가할 수 있을 것이다. 그런데 이 깨끗하고 풍성한 물을 마구 더럽히거나 그대로 흘려버려서, 이제는 먹을 물을 걱정할 단계에 이르렀다. 귀가 멍멍하게 쏟아져 내리는 폭포, 모기 한 마리 없이 청정한 산골짝 개울물, 송사리가 투명하게 들여다보이는 샛강물을 버려둔 채, 외국에서 식용수를 수입한다면, 이것은 우둔함을 지나서 죄악이라고 해도 과언이 아니다.

어쩌면 예부터 우리나라에 좋은 물이 너무 흔해서 물을 가꿀 생각을 아예 안했는지도 모른다. 또는 수자원을 관리하는 작업이 너무나 큰 비용과 긴 시간을 요구하므로, 단기간 집권하기도 바쁜 역대 정권이 주력 사업에서 제외했기 때문일까. 아니면 있는 것을 가꾸는 것보다 없는 것을 만들어내야 돈도 생기고 생색도 난다는 발상 때문에 아름다운 강을 막아 댐을 만들고, 정든 고향을 수몰지구로 만드는지도 모른다. 하지만 해외에 나가보면 우리나라 물처럼 칼크가 없이 깨끗하고 맛있는 물이 참으로 드물다는 사실을 누구나 깨닫게 된다. 우리 땅의 지맥을 파헤쳐 캐낸 석재를 외국으로 수출하면서, 물은 왜 수출자원으로 생각하지 않는지 모르겠다.

우리의 산과 물을 가꾸고 지키는 일은 산림과 하천과 환경을 담당하는 일부 관청의 전담 사항이 아니다. 정부의 장기적 투자와 함께 우리 모두의 지속적 참여를 통해서만 서서히 성과를 거둘 수 있는 참으로 어려운 사업이다. 주어진 자연의 혜택을 무작정 낭비하는 우리의 생활문화를 고치지 않는다면, 세계화와 더불어 초국적 대자본이 우리의 물까지 인수합병하게 되지 않을까 두렵다. (1999)

맨손으로 다니는 시대

                      지난번 내린 비에 뒷마당 다용도실의 지붕이 샜다. 슬레이트로 대충 얽어놓은 것이 부실했던 모양이다. 내 솜씨로는 도저히 고칠 수 없어서 목수를 불렀다. 처음에는 오려고 하지 않았다. 그 정도의 사소한 보수공사를 하기 위하여 하루 일품을 버릴 수 없다는 것이었다. 하루 일당과 재료비를 주겠다고 약속을 했더니 며칠을 끌다가 겨우 나타났다.

  신사복 상의에 청바지를 입고 망사 구두를 신은 그 목수는 맨손으로 와서 비가 새는 천정을 보고 나갔다. 각종 연장과 재료를 가지고 오려니 생각했는데, 근처의 철물점에서 슬레이트만 몇 장 사가지고 왔다. 종이 조각에 싼 못을 한 움큼 주머니에서 꺼냈다. 혹시 장도리와 펀치가 있느냐고 물었다. 우리 집 연장그릇을 내다 주었더니 목수는 흡족한 표정으로 필요한 도구를 골랐다. 특히 조그만 톱이 그의 마음에 들었던 것 같았다. 다음에는 사다리가 혹시 있느냐고 물었다. 우리 집에는 없었으므로 옆집에서 빌려다 주었다. 그는 나에게 사다리를 좀 붙들어 달라고 부탁했다. 부서진 슬레이트를 갈아 끼우고 못질을 하는 동안 나는 계속 그의 조수 노릇을 했다.

두 시간쯤 걸려 천정 보수공사는 끝났다. 대충 손을 씻은 다음 그는 돈을 받아가지고 돌아갔다. 연장 하나 없이 맨손으로 왔다가 일을 끝내고 다시 맨손으로 돌아가는 그 목수의 뒷모습을 바라보며 나는 엉뚱하게도 '인생(人生)은 공수래(空手來) 공수거(空手去)'로구나 하고 느꼈다.

한 번은 전공들이 인입선 교체 공사를 하러 나왔었다. '引入線'이란 말을 나는 그때 처음 알게 되었다. 길가의 전선주에서 각 가정으로 전기를 끌어들이는 전선을 이렇게 불렀다. 주택의 인입선은 대개 지붕 위나 처마 끝으로 연결되므로, 공사를 하려면 사다리가 필요했다. 그러나 전공들은 둘둘 말은 전선 한 다발과 연장만 몇 개 가지고 나왔다. 또 옆집 사다리를 빌리는 수밖에 없었다. 그들은 이 사다리를 가지고 우리 동네 전체의 인입선 교체공사를 했다. 공사를 끝낸 다음에는 이 사다리를 차에 싣고 가서 다른 동네 공사까지 하고 밤중이 되어서야 돌려주었다.

그들은 그래도 자기들의 연장을 가지고 나와서 사다리만 빌려 썼으니 맨손으로 왔던 목수보다는 낫다는 생각이 들었다. 하지만 목수나 전공이나 높은 곳에 자주 올라가야 하는 기능 직업인이라는 점을 생각하면 사다리는 이들에게 필요불가결한 도구임에 틀림없다. 군인에게 있어서의 무기나 다름없는 이러한 도구를 기능 직업인들이 가지고 다니기를 꺼리는 이유는 무엇일까.

"한국인들은 가방을 들고 다니기 싫어한다. 높은 사람일수록 절대로 가방을 자기가 들고 다니지 않는다. 예컨대 사장은 자기의 가방을 스스로 들지 않고 운전기사가 가지고 간다."

이것은 한국을 잘 아는 어느 독일 외교관이 한 말이다. 올바른 지적이라 아니할 수 없다. 어쩌면 이것은 유교 전통을 지닌 문화권의 공통된 현상인지도 모른다. 옛날 그림을 보아도 선비나 양반은 맨손으로 다니고 동자나 하인이 물건을 들고 쫓아가는 경우가 많다. 그러나 이것은 한가롭던 옛날의 풍류나 구습이지 오늘날과 같은 기술정보사회에서 이어받을 전통은 아니다. 공무원이나 회사원, 또는 세일즈맨이나 기능 직업인들이 맨손으로 아니면 서류 봉투 한 개만 난딱 들고 다니거나, 또는 신문지에다 연장 몇 개만 싸가지고 출장을 나가는 버릇은 특히 우리나라에서 널리 퍼져있는 것 같다.

내가 외국에 처음 갔을 때도 출퇴근하는 샐러리맨이나 시내를 왕래하는 행인들이 가방이나 비닐 백을 들고 다니는 모습이 유난히 눈에 띄었었다. 아무리 크레디트카드 한 장으로 모든 것이 해결되는 세상이라 할지라도 자기에게 꼭 필요한 생업의 도구는 스스로 지참하는 것이 쓸 데 없는 낭비를 막는 길이다.

그래도 비교적 변함없이 예나 이제나 가방을 들고 다니는 사람들은 학생과 선생들이 아닐까 생각된다. 초·중·고등학교 학생들은 책과 도시락을 넣은 가방을 메거나 들고 다니는데, 때로는 무거워 보여 안쓰럽고 혼잡한 버스나 전철 안에서는 큰 부담이 되지만, 그들이 가방을 가지고 다니는 것은 보기 좋은 모습이다. 맨손으로 다니는 학생들을 보면 오히려 불량 청소년이 아닌지 의심스러워지기도 한다. 선생들 가운데는 교재 준비를 하고 과제물을 처리하기 위하여 항상 가방을 들고 출퇴근하는 사람이 많다. 그러나 보험회사 사원 같다고 구태여 맨손으로 다니는 이들도 있다.

　대학교수들은 대개 가방을 가지고 다니는 것 같은데, 대학생들은 반드시 그렇지도 않다. 어떤 대학생들은 교과서와 노트만 손에 들고 다녀서 책에 새까맣게 때가 묻어 있는 수도 있다. 그런 것을 보면, 책이란 데이트할 때를 위해서 들고 다니는 멋있는 액세서리가 아니라고 충고해 주고 싶다. 난방시설을 수리하러 오는 기능공이 공구를 몇 개 신문지에 싸가지고 출장을 나오는 것과 마찬가지다. 바꿔 말한다면, 기능 직업인은 필요한 공구가 든 케이스나 백을 들고 다니고, 샐러리맨은 서류가방을, 학생이나 선생은 책가방을 가지고 다니는 것이 활기에 찬 현대 산업사회를 보여주는 당당한 모습일 것이다.

　그런데 요즘 거리의 풍경을 보면 가방을 들고 다니는 사람이 수난을 당하는 경우가 너무 많다. 지하도나 지하철 정거장 입구, 외국 대사관이나 문화원 주변, 학교나 공장 근처, 국회의원 사무실이나 고위 관리의 자택이 인접한 구역에서는 요소마다 사복 전경이 버티고 서서 으레 행인들의 가방이나 보따리를 검색한다. 젊은 사람일수록 검색의 손길이 날카로워진다. 대학생들이 가방을 들고 다니지 않고 책만 몇 권 맨손에 들고 다니는 이유의 일단은 여기에 있는 것 같기도 하다. 원래 공부를 열심히 하는 건실한 대학생이라면 가방이 불룩하고 묵직하게 마련이다. 교과서와 노트는 물론, 사전과 참고서적, 도시락 등이 들어 있으니 그럴 수밖에 없다. 그런데 이런 가방일수록 엉뚱한 의혹을 받고 엄중한 검색의 대상이 된다고 한다. 그 것도 한두 번이 아니라 지하철을 타고 내릴 때마다, 지하도를 건널 때마다, 도심의 거리를 걸을 때마다 수시로 가방을 열고 속속들이 보여 주어야 하니 사람이 미칠 노릇이다. 대학생들뿐만 아니라 젊은 대학교수들 가운데서도 길거리에서 가방 검색을 당한 사람들이 꽤 있다고 한다.

그러니 귀찮고 창피해서도 가방을 들고 다니기 싫은 것이 요즘 우리나라 사람들의 솔직한 심정일 것이다. 가방이나 공구 케이스를 들고 다니면 무조건 수시로 검문을 당하는 풍습이 하루 빨리 사라져야겠다. 정말로 의심하고 경계해야 할 대상은 바로 맨손으로 다니는 사람들의 머릿속이라는 것을 깨달아야 한다. (1986)

은행은 은행이다

　　　　　　　월말에 서민들이 드나드는 은행에 가본 사람은 알 것이다. 통장정리기나 현금지급기 앞에 줄을 선 고객의 행렬이 은행 출입문 밖까지 뻗어있고, 공납금을 납부하려는 손님들이 객장을 가득 메워 발 디딜 틈도 없다. 무슨 파산선고라도 받은 금융기관 같다. 대도시 변두리 지역이나 지방 도시로 갈수록 불편은 더욱 심하다. 매월 하순마다 되풀이되는 이러한 광경은 우리나라 은행 특유의 후진국 현상이라 아니할 수 없다.

　그러나 은행의 2층이나 3층에 자리 잡은 VIP 전용 상담실은 어느 선진국의 은행 못지않게 우아하고 화려하다. 이곳에 드나드는 고객은 별로 많지 않으므로, 도심의 휴양지 같은 느낌이 들 정도이다. 큰돈을 예탁하는 고객을 유치하려면 이러한 시설과 서비스가 필요하리라 생각된다. 가령 십만 원을 예금하는 손님 백 명이 드나드는 것보다는 천만 원을 맡기는 고객 한 명이 다녀가는 것이 훨씬 간편할 것 아닌가. 이런 관점에서 본다면 십만 원짜리 손님은 은행에 해를 끼치는 요인이고, 천만 원짜리 고객은 은행에 이익을 가져온다는 논리가 성립된다. 초국적 대자본이 전지전능한 신의 자리를 넘보고 있는 오늘날은 더욱 그렇다. 이른바 구조조정 이후로 은행의 수납창구가 갑자기 줄어든 원인도 인건비를 줄여서 돈을 더 벌겠다는 발상에서 비롯되었을 것이다. 되도록 사람을 기계로 대체하고, 노동조합 따위를 만들어 경영자를 괴롭힐 수도 있는 피고용자를 줄이겠다는 생각이다. 이것을 잘못이라고 말할 수 있는 시대는 이제 지나간 것 같다.

하지만 은행은 적어도 개인의 금고가 아닌 공용 금융기관 아닌가. 예컨대 우리나라와 우리 사회의 존립을 좌우하는 국민의 세금을 수납하는 장소가 바로 은행이다. 세금을 내기 좋아하는 사람은 드물 터인데, 납부하러 가서 한 시간 가까이를 기다려야 한다면, 도대체 이렇게 인내심을 갖고 세금을 꼭 내야만 하나 자문하게 될 것이다. 또한 국민의 저축정신 함양도 은행의 공적 임무에 해당된다. 성장기에 저축의 습관을 기르기 위하여 어린이 저금통장을 만들고, 집집마다 예금통장 갖기 운동을 벌이던 때가 엊그제 같은데, 이제는 소액 저금통장에 이자를 붙여주지 않겠다고 한다.

물론 그 이자라는 것이 몇 푼 되지 않겠지만, 문제는 근본 발상이다. 소수의 거액 예탁자만 환대하고, 다수의 소액 거래자는 냉대하는 이러한 자세는 아무리 자본주의 사회의 기본 논리라 하더라도 공과 사를 구분하지 못하는 짓이다. 푼푼이 쌓은 국민의 혈세로 공적 자금을 지원 받기도 하는 금융기관이 스스로를 요식업과 같은 서비스업 정도로 생각해서는 곤란하다. 경제 질서의 기간 혈맥이라 할 수 있는 은행이 공적 임무를 망각하고 이윤추구에만 몰두해서는 안 된다. 그렇게 해서 꼭 성공을 거두는 것도 아니다. 경제적 세계화와 더불어 부익부 빈익빈 현상이 지구 전체를 부유한 20%와 가난한 80%로 양분하는 추세가 가속화되고 있다는데, 은행이 부유한 20%만을 고객으로 대우한다면, 나중에는 이 세상의 은행들 가운데서도 80%가 몰락을 자초하는 결과를 가져오게 될지 모른다. 아무리 국경 없는 세계화의 시대라고 하지만, 자기가 태어난 땅에서 뿌리를 내리지 못하고, 국경 없이 떠도는 외국 자본에서 자기의 기반을 잡으려는 것은 공중누각을 짓는 것이나 다름없다. 자본에는 인격이나 도덕이 없기 때문에 이곳에 잠깐 머물다가도 저곳에서 이윤이 더 생기면, 그리로 가버리고 만다. 그러면 공중누각은 와해되어 버리게 마련이다. 우리나라에서 으뜸이 되려던 어느 은행의 근황이 보여주듯, 이 은행을 인수한 외국 자본과 그 관련 임원들이 스톡옵션의 명목으로 엄청난 이윤을 챙겼다고 하는데, 은행 자체의 경영 성과가 과연 국민 경제에 보탬이 되고 있는지 의문이다. 이런 것도 애초에 관계자들이 공적 임무를 잊고 사적 이익을 추구한 결과가 아닐까.

요즘은 홈뱅킹이 점차 보급됨에 따라 은행에 드나들지 않고도, 집에서 단말기만 두드려서, 일을 처리하는 사람들이 늘어가고 있다. 은행 업무에 관한 이러한 우려도 머지않아 세대가 바뀌면 없어질 것이다. 저금통장의 경우도 이자가 붙는 대신 서양에서 그렇듯 오히려 관리비용이 빠져나가게 될 것이다. 하지만 궁극적으로 은행이 흔들림 없는 공신력과 함께 업무의 공적 성격을 지켜나가는 것만이 그 존재의 정체성과 경제적 번영을 보장받는 길이 될 것이다. (2001)

잃은 고향 다시 찾기

나의 친구 황 박사는 18년간 독일유학을 했다. 어쩌면 유학이라기보다는 생활이라고 표현하는 것이 더 적절할지도 모르겠다. 대학을 졸업하고, 1960년대 말에 27세의 나이로 유학의 길에 올랐던 그는 1980년대 중반에 훤칠한 대머리의 중년 신사가 되어서 돌아왔다.

인생의 가장 중요한 시간이라고 할 수 있을 20대 후반기와 30대, 그리고 40대 전반기를 외국에서 보내고, 이제 앞으로 남은 20여 년의 활동 기간을 고국에서 보내기 위하여 귀국한 것이다. 물론 그가 독일 생활 18년을 헛되게 보낸 것은 아니다.

아직 우리나라에 독일인이 드물던 시절에 관구존남의 문법책으로 독일어를 배운 그는 처음 독일에 도착했을 때, '고맙다(Danke)'는 말밖에는 알아듣지 못했다고 한다.

그러나 힘들여 독일어를 배운 보람으로 그는 한국의 모 사절단이 갔을 때 통역을 맡아서 했고, 오스트리아 아가씨를 사귀어 동거생활을 하다가, 마침내 결혼하여 2남 1녀의 단란한 가정을 이루었다.

그러나 살아가기가 쉬운 일은 아니었다. 유학생으로 공부만 하기도 벅찬데, 가장으로 돈을 벌어야 했고, 아이들을 키우는 아빠 노릇을 해야 했으니 말이다.

내가 독일에 갔을 때, 우연히 대학 식당에서 그를 만났는데, 륙색에 꼬마 둘을 넣어 짊어지고 와서 빵을 먹이고 있었다. 그의 자식들이 캥거루 새끼처럼 귀엽기도 했지만, 그의 신세가 꼭 심봉사 같다는 느낌이 들어 측은했었다.

전공 과목보다 오히려 부전공 과목 때문에 애를 먹고 있다던 그는 아르바이트와 장학금으로 겨우 생활을 부지해 나갔다. 20년 가까이 만년 대학생으로 살다보니 독일에서는 완전히 터줏대감이 되어, 독일 유학생으로서 그를 모른다면 간첩으로 오인 받게 될 만큼 그는 유명한 존재가 되었다.

우리나라에서 장영자 사건이 나던 해에 그는 「포말회사 범람시대의 독일 경제 구조에 관한 통계학적 연구」로 드디어 경제학 박사 학위를 취득했다. 그동안 그의 부인은 유치원 보모로 취직했고, 아이들은 이미 중학생이 되어 독일 학교에 다니고 있었다. 모두 독일 생활에 익숙해졌으므로 그래도 그곳에 눌러 살고 싶었으나, 정작 그가 취직할 곳은 없었다. 몇 년 머뭇거리다가 하는 수 없이 취직자리를 찾아 18년만의 귀향을 했다.

독일 경제학 박사 황 아무개의 동기생들은 그동안 고급 관리로부터 재벌 기업의 이사에 이르기까지 관계와 재계의 여러 분야에서 활동하고 있었다. 그러나 지금으로부터 약 1백 년 전의 독일 경제를 공부하고 돌아온 그에게 알맞은 직업은 대학 교수밖에 없었다. 그런데 외국 가서 경제학이나 경영학을 공부하고 온 박사들의 이력서가 대학마다 수북이 밀려 있어, 그가 비비고 들어갈 데는 없었다.

황 박사는 도저히 견딜 수가 없었다. 취직이 안 되는 것은 말할 것도 없거니와, 독일에 두고 온 처자식이 그립고, 무엇보다도 한국 생활이 여러 가지로 불편했다. 음식은 너무 맵고, 온돌 방바닥은 너무 딱딱했고, 추위와 더위가 너무 혹심하게 느껴졌다. 사람들을 만나보면 모두 행동이 무척 성급하고, 이야기를 나누어보면 너무 비논리적이어서 도저히 같은 겨레라고 여겨지지 않았다. 그는 완전히 독일인의 멘탈리티로 한국인을 대하고 있었다.

18년을 독일에서 살았으니 그럴 수밖에 없을 것 같기도 했다. 하지만 그것이 결코 옳은 일이라고 볼 수는 없었다. 겉모습만 한국인으로 머물러 있을 뿐, 속은 독일인이나 마찬가지로 되어 버렸다는 사실을 그 자신이 모르고 있는 것은 얼마나 안타까운 모순인가.

비단 독일 유학생의 경우만이 아니라 다른 나라 유학생에게서도 이와 비슷한 경우는 얼마든지 있다. 두뇌가 우수한 젊은 이들일수록 적응 능력도 크게 마련이다. 외국에 가서 오랫동안 유학 생활을 하다 보면, 급속히 그곳의 언어와 관습과 풍물에 익숙해지고, 마침내 사고방식과 가치관까지 그곳 사람들처럼 되어 버린다. 이러한 유학생들 가운데는 공부를 끝낸 뒤에도 아예 그곳에 눌러 앉고 싶어 하는 이들도 많다.

고국에 돌아와도 황 박사처럼 자기 동일성의 상실 때문에 정신적 무국적자가 되기 쉽다. 자기의 고향이 외국처럼 느껴지고, 못마땅하게 보이고, 오히려 자기가 유학했던 나라를 고향처럼 그리워하기도 한다. 물론 그러다가 또 오랜 시간이 지나면 자기 동일성을 되찾는 수도 있다.

하지만 이것이 모두 무슨 낭비란 말인가. 젊은 날을 외국에서 외롭고 괴롭게 보낸 보람이 결국 자기 동일성의 상실과 회복 또는 확인에 그친다면, 그리고 그렇게 한평생이 가버린다면, 그것은 너무나 비생산적인 노고라 아니할 수 없다.

옛날에는 자기가 배우고 싶은 바를 뜻대로 배울 수 있는 학교와 스승과 시설 등 학문 연마의 여건이 제대로 갖추어 있지 못해서 외국 유학을 가지 않을 수 없었다 하더라도 지금은 사정이 많이 달라졌다. 특정한 최첨단 분야를 연구하려면 몰라도, 대부분의 학문을 이제는 우리나라에서 전공할 수 있게 되었다. 다른 나라에서 유학생을 보내오는 좋은 대학교, 세계적으로 인정받는 훌륭한 교수, 그리고 경우에 따라서는 첨단 분야 연구에 필요한 각종 시설을 우리나라도 이제는 보유하고 있다.

이러한 대학에 입학할 실력이 못 되어 외국으로 유학을 간다면 말릴 수 없는 노릇이겠지만, 두뇌와 능력을 갖춘 학생이 구태여 외국으로 꼭 유학을 갈 필요가 있을까. 우리나라에서 대학을 마친 다음 석사와 박사 과정을 이수하려면 개인차에 따라 거의 6년 가까운 시간이 걸린다.

이 석·박사 과정을 이수하는 시기는 나이로 보아 20대 후반에서 30대 초에 이르는 기간에 해당된다. 개인적으로 보나 사회적으로 보나 자기 인생의 기초를 잡고 사회활동을 시작하는 중요한 시기이다. 취직·결혼·육아·주택 마련 등 현실적 생활의 뿌리를 내리는 일이 대개 이 시기에 이루어지기 때문이다. 그런데 유학을 갈 경우 바로 이 시기를 외국 생활과 맞바꾸어야 하므로, 외국 유학의 부담은 단순히 경제적인 차원에만 국한되지 않는다.

우리나라의 대학생 수효가 약 1백 20만 명이라고 한다. 이에 비하여 석·박사 과정을 이수하는 대학원학생의 수효는 약 7만 명밖에 되지 않는다고 하니, 그 정원이 상대적으로 너무 적은 셈이다. 국민 소득이 높아짐에 따라 교육 욕구도 더욱 상승되어, 요즘은 대학 졸업생 가운데 상당수가 대학원에 진학하고자 하는데, 대학원의 학생 정원이 이를 수용하기에는 너무 부족하므로, 많은 대학 졸업생들이 본의 아니게 외국으로 유학을 떠난다.

물론 그 가운데 많은 학생들이 유학을 끝내고 귀국하여 학문의 연구와 사회의 발전에 기여하겠지만, 앞에서 예를 든 자기 동일성 상실의 결과에 이르고 마는 학생들도 적지 않다. 되도록이면 국내에서 모든 과정을 이수하고, 필요한 부분만을 한두 해쯤 외국에 나가서 보충하고 돌아오도록 고등 교육의 확충과 연구 과정의 제도적 개선이 이루어져야 할 것이다. (1987)

올바른 정치교육을 받지 못한 대가

　　　　　　　　　　　오토 폰 비스마르크는 '철혈재상'이라
는 별명으로 널리 알려져 있다. 1860년대 초부터 약 30년간
독일을 지배한 이 정치가는 19세기 유럽 역사를 이야기할 때
절대로 빼어 놓을 수 없는 인물이다. 비스마르크는 신성 로마
제국이 해체된 이후 반세기 이상을 지리멸렬 상태에 있었던 독
일 영방(領邦) 국가들을 통일하여 두 번째 독일제국을 건립했
고, 막강한 군국주의 관헌국가로 만들어 유럽 열강에 올려놓았
다. 대외적으로는 뛰어난 외교 수완을 발휘하여 20여 년간 유
럽의 평화를 유지했고 대내적으로는 세계 최초로 사회보장제

도를 도입하여 지금으로부터 100년 전에 이미 사고보험과 의료보험을 농업 노동자들에게 실시했다. 그러나 이 모든 정책이 궁극적으로는 자기의 개인적 권력을 장악하기 위한 수단으로 간주되어, 뒷날 그는 '국가 사회주의의 선구자'로서 많은 역사적 비판을 받게 되었다. 특히 비스마르크가 '그의 정치적 유산으로 정치 교육을 전혀 받지 못한 국민들을 남겼다'는 막스 베버의 지적은 시사하는 바가 많다. 독재적 강권 정치에 복종하도록 길들여진 많은 독일 국민들은 나중에 바이마르 공화국 시대의 자유와 혼란을 견뎌내지 못하고, 히틀러의 출현에 성급한 갈채를 보내게 되었던 것이다.

오늘날 우리가 당면하고 있는 상황도 비슷한 역사의 전례를 생각나게 한다. 잔학한 일제의 통치 36년이 끝난 뒤 우리는 계속해서 남북 분단과 동족상잔, 독재 정치의 억압 속에 40여년을 시달려 왔다. 인간의 권리와 자유, 자율적 노동과 정당한 대가 등을 제대로 성찰해 볼 겨를도 없이 오직 먹고 살기에만 쫓기며 20세기의 4분지 3을 보낸 셈이다. 덕분에 우리가 소위 '아시아 신흥공업국가군'에 끼고 세계에서 12번째 수출국으로 발돋움하게 되었는지도 모른다. 그러나 인간이란 빵만으로는 살 수 없는 존재이므로, 오랫동안 억눌려 지냈던 모든 정치적·경제적·사회적·문화적 욕구가 요즘 걷잡을 수 없이 사방에서 터져 나오고 있다. 이러한 욕구를 조금씩이라도 표현하고 충족할 수 있는 기회가 때때로 있었더라면 이처럼 전국이 혼란의 와중으로 휩쓸려 들어가는 듯한 사태가 일어나지는 않았을 것이다. 정치로부터 국민을 소외시키고 집권자가 자의적 전횡을 일삼아온 결과 '정치 교육을 전혀 받지 못한 국민'을 만들어 냈고, 마침내 정치 부재의 암담한 현실을 노정하게 된 것이다. 모두가 무능한 독재의 소산이다. 그러나 잘못을 저지른 사람들은 이미 이 세상을 떠났거나 아니면 이러한 현실을 개혁할 의지도 능력도 지니고 있지 못하다. 그렇다고 이들이 남겨놓은 유산을 모조리 부수어 버릴 수도 없다. 좋든 나쁘든 우리는 모두 같은 지반 위에서 살아가고 있기 때문이다.

이러한 현실에 당면하여 우리의 젊은이들이 분노를 느끼고 저항하는 것은 너무나 당연한 일이다. 정치·경제·사회가 온통 집권 경쟁과 노사 분규와 무정부적 폭력 범죄로 소용돌이치고 있는데, 젊은 세대만이 냉철한 이성과 온당한 행동을 보여주기를 기대한다면 그것은 늙은 세대의 지나친 요구일 것이다. 원래 젊은 세대란 어디서나 기성 체제에 반항하고 도전하는 성향을 가지고 있다. 그리고 기존의 도덕이나 관습에 얽매이지 않는 야성과 분출하는 창조적 정열을 가지고 있으며, 쉽사리 매수당하지 않는 순수한 양심과 모든 사물의 관계를 새로운 시각에서 바라보는 날카로운 눈초리를 지니고 있다. 바로 이러한 가능성과 잠재력 때문에 젊은이는 정체된 현실을 타개하고 새로운 미래를 펼쳐나갈 희망의 원동력으로 작용하게 마련이다. 그러므로 젊은 세대는 학생이든, 군인이든, 노동자든 간에 앞으로 이 나라를 이끌어 나가며 지키고 번영하게 만들 주역임에 틀림없다. 이들은 오늘날과 같은 혼돈의 전환기에서 어떻게 행동하느냐에 따라 우리의 앞날은 밝아질 수도 있고 어두워질 수도 있을 것이다.

우리는 꿈을 먹고 살 수도 없으며 돈만 가지고 행복하게 될 수도 없다. 이상과 현실의 조화와 균형을 유지하려는 노력이 무엇보다도 중요하다. 멀리 있는 이상을 바라보되, 발 딛고 있는 현실을 잊어서는 안 된다. 이상주의가 혁명을 일으키고 현실주의자가 그 과실을 따먹는 경우를 우리는 가까운 역사에서 많이 보고 겪었다. 올바른 정치 교육을 제대로 받지 못한 잘못을 우리는 스스로 고쳐가야만 할 것이다. (1987)

페인트로 쓴 구호

'편안하게 살지 말라. 이 세계의 원동기 속에서 기름이 되지 말고, 모래가 되라!'

이것은 독일 시인 귄터 아이히가 쓴 시의 한 구절이다.

누구나 이 세상을 편안하게 살아가고 싶은 것이 당연한 소망일 터인데, 이 시는 자기가 지금까지 살아온 익숙한 현실을 거부하라고 호소한다. 그리고 하나의 거대한 기계처럼 구조적으로 맞물려 돌아가는 현실 속에서 '기름'이 되어 매끄럽게 순응하지 말고, '모래'가 되어 제동을 걸라고 촉구한다. 으깨지면서 저항하는 모래의 아픔 없이는 잘못 돌아가고 있는 '이 세계의 원동기'를 개선할 수 없다는 것이다.

인간을 억압하고 수탈하는 모든 권력과 제도에 저항하여 지식인의 현실 참여를 호소한 이 구절은 1960년대 말 서독의 대학생 운동이 한참 격렬했을 때 널리 인용되었고, 특히 하이델베르크 대학 건물의 벽에 오랫동안 구호로 쓰여 있었다.

문학적 은유와 상징을 포함한 이 시구가 학생운동의 구호로 인용되었다는 사실은 사뭇 낭만적 정취와 함께 그들의 대학생다운 지성과 품위를 느끼게 한다. 내가 1980년 하이델베르크 대학에 들렀을 때도 페인트로 쓴 이 귀절의 흔적이 희미하게 벽면에 남아 있었다. 그때 나는 독일 페인트의 우수한 내구성에 새삼 놀랐었다.

그런데 우리나라에서 생산된 페인트도 이제는 그 품질이 독일제와 견주어 전혀 손색이 없음을 얼마 전에 확인했다.

어느 대학교의 본관 정문을 들어가다가 보니까 대리석으로 바닥을 깔아놓은 승용차 통행로에 '파락호 아무개를 쳐죽이자!'고 시뻘건 페인트로 써놓은 것이 눈에 띄었다.

'행세하는 집의 자손으로서 난봉이 나서 결딴난 사람'을 지칭하는 '파락호'라는 말은 요즘 별로 쓰이지 않는 한자어이다. '아무개'는 아마 그 대학교의 재단 이사장이나 총장쯤 되는 사람일 것이다. '쳐죽이다'는 '때려죽이다'와 같은 말이니, 참으로 끔찍한 구호임에 틀림없다.

이것을 학교 당국에서 못 보았을 리가 없다. 그런데도 여러 사람들이 드나드는 통행로에 쓰인 이 구호가 그대로 방치되어 있는 것을 보면, 아무래도 그 시뻘건 페인트를 지워버리기 힘든 것 같았다. 그러니까 돌바닥의 페인트 자국을 몽땅 쪼아 내거나 아니면 이 통행로 전체를 다른 페인트나 콜타르로 덮어버리는 수밖에 없는 모양이었다.

이처럼 쉽게 벗겨지지 않는 것이야말로 페인트의 우수한 품질을 증명하는 것 아닌가. 하지만 그 좋은 페인트로 이 못된 구호를 쓰다니.

물론 20여 년 전의 서독 대학생 운동 구호와 오늘날 한국의 그것을 수평적으로 간단하게 비교할 수는 없는 일이다. 그러나 독일 대학의 구호에 비하면 이 구호는 너무 야만적이지 않은가. 개혁도 혁명도 사람이 좀더 사람답게 살기 위한 것인데, 특징 인물을 쳐죽이라는 이 살벌한 외침이 혐오감 이외에 무슨 효과를 가져 올 수 있단 말인가.

물질적 발전이나 경제적 번영에 비해 너무나 뒤떨어진 정신의 태도를 보여주는 이러한 예는 학원가에서만 볼 수 있는 것이 아니다. 부수어 버리고, 죽여 버리고, 없애 버리자는 극렬한 구호들이 모든 갈등의 현장을 점령하고 있는 것 같다.

이 세상의 모든 사물이 만들기는 힘들고 부수기는 쉬운 법인데, 요즘은 웬만한 의사 표시는 대뜸 부수는 것으로 시작하는 수가 많다.

인간은 한 사람 한 사람이 모두 이 세계의 중심이며, 어느 무엇과도 바꿀 수 없는 것이 생명인데, 이 목숨까지도 무엇을 '위하여' 쉽사리 희생하려 든다. 그러다 보니 인간과 인간 사이의 관계도 흑백 논리의 지배를 받게 된다. 가족 관계로부터 노사 관계에 이르기까지 사랑과 신의와 계약으로 다양하게 맺어진 인간 관계가 연대 아니면 투쟁으로 단순화되고 또한 쉽게 파괴되는 것이다.

증오와 폭력으로 남을 죽이고 없애는 데 골몰하다가 보면, 결국은 언젠가 자기도 그러한 최후를 맞게 되는 것을 수많은 혁명의 역사가 보여준다.

'아무개를 쳐죽이자'는 파괴적 구호 대신 이제는 '모래가 되라'는 건설적 자기 변화의 촉구가 필요하다.

자기의 주장만이 옳다는 무지한 아집에 사로잡혀 자신은 전혀 달라지려 하지 않고, 세계의 변혁만을 부르짖는 사람들은 우선 이 세계가 '나'와 '남', 자기와 타인들로 구성되어 있으며, 모두가 함께 살아가는 한마당이라는 것을 깨달아야 할 것이다. (1989)

쉰 살 먹은 아이들

 어느 회사의 사장과 어느 은행의 지점장, 어느 대학의 교수가 6월의 마지막 일요일에 만났다. 머리가 희끗희끗해진 이 오십 줄의 세 친구가 만난 것은 골프를 치기 위해서가 아니었다.

 이들은 고속도로를 한참 달려 어느 지방 도시에 도착했다. 뒷골목을 꼬불꼬불 돌면서 여러 차례 길을 물어 겨우 허름한 양옥집 한 채를 찾아냈다. 문패를 거듭 들여다 본 이들은 초인종을 눌렀다. 안경을 쓴 늙은 선비가 나타났다. 세 사람은 방으로 들어가 노인 앞에 넙죽 엎드려 절을 했다. "선생님, 36년 만에 이렇게 찾아뵙습니다."

이 노인은 세 사람의 초등학교 6학년 때의 담임 선생님이었다. 졸업반 담임 선생님은 특별히 오래 기억에 남는 것일까.

졸업 후 한 세대가 훨씬 지나 각 분야의 전문인이 되어 세 사람이 만났을 때, 이들의 화제는 노사 분쟁과 경제 현황, 학원 소요를 거쳐 옛날 초등학교 시절로 되돌아갔다.

6·25 전쟁 통에 시골로 피난 가서 그곳의 초등학교를 졸업하게 된 나는 지금도 그곳이 고향처럼 느껴진다. 당시 허약한 말라깽이 서울내기였던 나를 짓궂은 시골 아이들로부터 지켜준 친구가 지금의 정 사장이었고, 이 지점장은 산수를 가장 잘해서 내가 부러워했었다.

우리 반 담임이었던 박 선생님은 면도칼처럼 날카로운 성격을 지닌 분이어서 아이들이 모두 무서워했는데 열정적으로 가르쳐 준 덕분에 많은 학생들이 입학시험의 어려운 관문을 뚫고 중학교에 진학하기도 했다.

우리 나이가 어느 새 오십 줄에 들어섰으니 그분은 어쩌면 돌아가셨을지도 모른다고 걱정을 하다가 이 도시의 어느 초등학교 교장 선생님으로 계시다는 말을 듣고 이렇게 찾아온 것이다. 아직도 옛 모습을 간직하고 있는 박 선생님은 내년에 정년퇴직이라니 아슬아슬하게 옛 스승과 늙은 제자들의 해후가 이루어진 셈이었다.

우리는 박 선생님 내외분을 모시고 나가 저녁을 먹으면서 즐거운 시간을 보냈다. 옛날 이야기가 하나하나 나올 때마다 우리는 웃음을 터트렸고 술잔을 마주 들면서 정겨운 모습을 카메라에 담기도 했다.

그런데 이상하게도 박 선생님 앞에서 담배를 피울 수는 없었다. 수백 명의 직원을 거느린 경영자, 고객을 상대로 엄청난 돈을 다루는 금융인, 20년 가까이 대학 교단에 서 온 교육자가 된 세 사람 모두 옛 스승 앞에서 초등학교 학생으로 되돌아갔기 때문일 것이다. 우리는 쉰 살 먹은 아이들이었다.

얼마 전에는 내가 다닌 고등학교의 졸업 30주년을 맞이하는 행사가 있었다. 각계각층에서 활약하고 있는 동기동창들의 마음과 힘을 모아 모교 교정에 기념 조형물을 건립했다.

미술대학 교수인 동창이 설계한 이 석조 기념비에는 상단에 태양열 시계를 장치하여 학교생활의 실용성을 도모했고 중간 부분에 내가 쓴 짤막한 시를 한 구절 새겨 넣었다.

'젊은 날의 꿈과 삶이여 나무처럼/가지는 하늘 높이 힘차게 솟아오르고/뿌리는 땅속깊이 조용히 뻗어 나가기를' 바라는 염원이었다.

교육을 운위할 때, 인재를 기른다는 말을 쓰는데 이제 와서 되돌아보니 정말로 사람을 키우는 것이나 나무를 기르는 것이 다를 바 없음을 깨닫게 된다. 나뭇가지처럼 하늘로 향하는 꿈과 이상을 품고, 나무뿌리처럼 땅속으로 뻗어나가는 삶의 현실적 경영을 해온 동창들이 삼백 명이나 모여 옛 은사들을 모시고 기념 만찬을 나눈 자리에서 우리는 세월의 무상함보다는 울창해진 숲의 모습을 실감했다.

이 자리에도 졸업반 담임 선생님들이 여러분 참석하여 감개무량한 소감을 이야기해 주었는데, 어느 호텔 연회장을 가득 메운 인원 때문인지 오붓한 분위기는 느낄 수 없었다.

동창들 중에는 많이 늙어버린 친구들도 있었지만 대부분이 아직은 옛 모습을 간직한 젊은 얼굴들이었다. 어쨌든 고등학교 3학년 때의 은사를 모신 자리는 상당히 다른 감회를 주었다.

초등학교나 중·고등학교 시절의 은사에 비하면 대학 시절의 은사는 아예 기억되지 않는 존재인 것 같다. 대학 졸업생이 옛날에 가르침을 받았던 교수를 찾는 경우는 대개 두 가지 필요에 의해서다. 외국으로 유학을 가거나 취직에 필요한 추천서를 써달라는 것과 아니면 결혼식 주례를 서달라고 부탁할 때이다.

하기야 이런 이유로 찾아오는 것만 해도 대견스럽다. 우리가 요즘 자주 읽게 되는 다음과 같은 기사를 보면 말이다.

"임시 휴업 47일째를 맞고 있는 ㅅ대생 8백여 명은 이날 오후 2시경 비상 학생 총회를 열어 '총장이 학원 정상화 협상에 불성실하다'고 주장, 이 가운데 3백여 명이 오후 3시 30분 경 야구방망이, 쇠파이프 등을 들고 본관 2층 총장 부속실로 몰려갔다. ……학생들은 이어 ㅂ총장을 교문 밖으로 몰아냈으며 이 과정에서 교직원 등과 심한 몸싸움을 벌였다."

이러한 사태가 이 대학 저 대학에서 매 학기마다 심심찮게 일어나는 형편이니 대학 교수는 이제 학생들의 존경스런 스승이기보다는 투쟁과 타도의 대상으로 전락한 느낌이다.

그 이름으로 보아도 최고 교육기관이 분명한 '대학'. 이러한 대학에 들어오려고 재수, 삼수를 해가며 힘겹게 입학한 대학생들이 왜 황금 같은 대학 시절을 이렇게 살벌하게 보내야 하는지 이제는 묻는 사람조차 없다.

물론 총장을 끌어낸 3백여 명의 학생이 ㅅ대학을 대표하지는 않는다. 전체 학생 수효에 비하면 이들은 소수에 불과하다. 그러나 바로 이 소수의 학생들이 대학생 전체를 대표하는 양 행동하고 또 그렇게 여겨지는 것이 오늘날의 실정이다.

이들에게는 정상적인 사제의 관계를 기대하기가 어려울 것이다. 이들이 쉰 살 먹은 아이가 되었을 때 과연 넙죽 엎드려 절할 고마운 스승이 있을지 의심이 간다.

사제의 관계에는 무엇보다 믿음이 밑받침이 되어야 한다. 스승의 입에서 나오는 가르침을 부정한다면 과연 참다운 교육이 이뤄질 수 있겠는가? 나아가 스승과 제자의 참다운 관계가 성립되지 않는 곳에서 인재를 기를 수 없음은 자명한 일이다.

(1990)

얇은 냄비

　　　　　　　내가 처음으로 독일에 갔을 때, 마치 촌에 온 것 같은 느낌이 들었다. 모든 건물이 밀집해 있고, 거리마다 사람들이 넘쳐 흐르고, 자동차들이 빽빽이 줄지어 달려가며 신경질적으로 경적을 울려대는 서울에서 살던 사람에게는 그럴 수밖에 없다. 왜냐하면 독일의 도시들은 대개 집들이 널찍하게 떨어져 있고, 대체로 행인들이 많이 눈에 띄지 않으며 자동차들도 출퇴근 시간이 아니면 성난 홍수를 이루지 않기 때문이다.

　행인들의 보조가 일반적으로 우리보다 느리고 순서를 무시하고 끼어들지 않으며 식당에서도 한참 기다려야 음식이 나오는데 빨리 달라고 재촉하는 손님이 없다. 독일뿐만 아니라 영국, 프랑스, 미국의 도시들도 이와 비슷한 것 같다.

유럽이나 아메리카는 역사와 전통이 우리와 전혀 다르기 때문에 관습도 다르구나 생각했다. 그런데 우리와 같은 문화권에 속하는 일본이나 대만의 도시에 가 봐도 얼굴은 우리와 비슷하지만 도시의 구조나 시민들의 행동양식은 우리보다 오히려 구주나 미국의 그것에 가깝다고 느끼게 된다. 특히 도시의 자동차 문화는 오늘날 시민정신의 척도가 된다고 볼 수 있는데 서울 못지않게 많은 자동차들이 복잡한 도로에서 거북이걸음을 하게 되어도 전혀 경적을 울려대며 서두르지 않고 서로 양보하며 원활하게 통행한다.

교통경찰을 좀처럼 볼 수 없다는 것도 우리나라와 다른 점이다. 언젠가 학생들을 데리고 외국 연수를 갔었는데 나중에 소감을 이야기하는 자리에서 많은 참가자들이 대도시의 교통상황에 관하여 언급했다.

가령 유럽의 오래된 도시의 구시가에 가보면 길은 좁고 자동차는 많아도 교통규칙과 질서의식만으로 원활한 통행이 이뤄진다는 사실이 우리의 눈에는 거의 이상하게 눈에 띄는 것이다. 일본에서도 비슷한 체험을 한다. 걸핏하면 긴 칼로 사람의 목을 쳐죽이는 것이 사무라이 문화라고 믿어온 선입관 때문에 일본인들이 방정맞고 성급할 것이라고 생각하기 쉽지만 실제로 가보면 보행인이나 운전자의 여유 있는 질서의식에 놀라게 된다. 이들이 서구화되었다고 생각하지 말고 우리 한국인이 동양적이라고 생각지도 말아야 한다.

휘황찬란하게 백화점을 차려 놓은 것이나 옷 잘 입고 다니며 돈 잘 쓰는 것이 선진국의 척도라고 여기는 것은 잘못이다. 삶의 질이 향상되고 행동의 여유가 생기고 생각의 폭이 넓어지지 못한다면 아무리 물질적 풍요를 누려도 국제적으로는 무식한 벼락부자 취급을 당하는 것이 고작이다. 국가의 정책 수립 과정에서부터 교차로의 건널목 건너가는 일에 이르기까지 우리는 모든 일에 너무 서두르고 있다. 동남아에서 한국인을 상대하는 식당 종업원들이 "빨리 빨리"라는 한국어를 알고 있다는 사실도 한국인의 성급함이 국제적으로 널리 알려졌다는데 대한 하나의 증거가 될 것이다.

흔히 '은근과 끈기'로 민족의 특성을 삼아왔던 한국인이 20세기 후반기에 들어와서 이처럼 세계적으로 '성급하고 서두르는' 사람들로 바뀐 까닭은 무엇일까.

여러 가지 사회학적 이유가 있겠지만 무엇보다도 한국전쟁이 가장 가까운 원인이 되지 않았을까 생각된다. 전쟁 통에서 살아남으려면 우선 행동이 빨라야만 했기 때문이다. 그리고 전쟁을 주관하는 군대라는 조직체가 항상 신속한 단체 행동을 요구하는데 바로 이러한 군대식 행동양식이 국민 개병제도를 따라 은연중에 널리 퍼지다 보니, 한국인 전체가 이에 감염된 것이 아닐까. 이러한 나의 단견이 옳건 그르건 간에 성급한 행동이 우리의 특징으로 널리 알려져 있는 것은 부인할 수 없는 사실이다.

이것은 제2세의 교육에도 어김없이 드러난다. 정규 학교 수업을 받는 것 말고도 어렸을 때부터 속셈학원, 피아노 교습소, 미술학원 등을 다니기 시작하여 태권도장, 컴퓨터학원, 수영강습소, 입시학원을 다니는 것으로 청소년 시절을 끝내게 된다. 남보다 앞서서 빨리 달려야만 생존경쟁에서 살아남을 수 있다는 조바심은 이 세상 어디서나 떨쳐버리기 힘든 생활신조가 된 것이다. 그 결과 우수한 성저으로 남을 잎서기 위한 출세 경쟁은 치열하지만 교양을 쌓고 인격을 도야하는 인간 수업은 전혀 무시된다. 아니 억제된다고 말해야 맞을 것이다.

어린이에게 미술 점수를 올릴 수 있는 그림만 그리게 하고 정작 제 나이에 맞는 만화는 보지 못하게 한다든지, 바이엘이나 체르니 음악 교본은 열심히 연습을 시키면서 다른 음악이 담긴 음반이나 카세트는 듣지 못하게 한다든지, 소설이나 잡지를 읽으면 야단을 치고 참고서나 문제집만 풀라고 한다든지 하는 경우가 많으니까 말이다.

이처럼 어서 빨리 똑똑하게 자라서 좋은 학교 다니고 돈 많이 벌어서 잘 살게 되기만을 가르치는 교육환경 속에서 훌륭한 교양과 개성을 갖춘 인재가 나오기를 기대하는 것은 무리한 욕심이다. 어쩌면 필요 없는 욕심일지도 모른다. 쓰기 좋은 규격품이나 곧게 자란 재목이라야 잘 팔리는 것이 시장 경제의 원칙 아닌가.

하지만 이 세상에 온통 곧게 자란 나무들만 있다면 산이나 숲이 지금처럼 아름답지 못할 것이다. 늘푸른 전나무가 빽빽이 들어선 독일의 숲을 보면 처음에는 힘차게 직선으로 쭉쭉 자라 올라간 나무줄기의 유용성에 감탄하지만, 곧 그 단조로움에 싫증나게 된다. 잘라서 재목으로 쓰는 물질적 유용성 말고도, 나무는 인간에게 바라보는 마음의 즐거움을 준다. 꾸불꾸불 몸을 뒤틀며 자란 늙은 소나무나 한겨울에 잎을 다 떨군 채 앙상한 줄기만으로 서 있는 갈잎나무들이 우리에게 주는 정신적 위안은 설명하기 힘들지만 부정할 수도 없다.

우리나라에서는 일찍부터 나무의 이러한 아름다움을 높이 평가하여 심지어 벼슬을 내리기까지 했다. 서양에서는 상상할 수 없는 일이다. 얼마 전에 통의동 백송이 쓰러졌을 때도 우리의 큰 화제가 되지 않았는가. 전나무나 양소나무의 유용성보다 조선소나무나 갈잎나무의 아름다움을 앞세우는 것이 옳다고 주장하려는 것이 아니다. 적어도 나무의 두 가지 기능을 모두 인정하는 안목을 갖추어야 우리는 사물의 양과 질을 논할 수 있다.

그런데 우리는 지금까지 빨리 곧게 자라는 나무만을 가꾸려고 해왔다. 실제로 우리나라의 조림사업도 그런 방향으로 전개되어왔다. 목재뿐만 아니라 인재를 길러내는 교육방법도 다를 바가 없었다.

먹고 살기가 바빴던 기성세대의 젊은 날을 생각한다면 이만큼 후진 인재를 길러낸 것만도 업적임에 틀림없지만, 앞으로는 달라져야 할 것 같다. 한 번 뿐인 우리의 인생을 얇은 냄비에다 빨리 익히려고 하지 말고, 제발 너무 서둘지 말고, 모든 일을 스스로 생각해 보고, 천천히 정확하게 그리고 꾸준히 실천해 나가는 것이 바로 그 시작이리라. (1990)

우리나라가 없는 세계화

한국-독일-일본 문학교류 심포지엄에 참석했던 외국 작가 한 사람이 공식 일정이 끝난 토요일 오후에 겨우 반나절의 자유시간을 이용하여 시내로 쇼핑을 나갔다. 어느 나라에서 왔든지 작가들이란 체험을 중요시하는 사람들이라, 물건을 사는 일보다는 현실을 보고 듣는 데 관심이 많다. 그래도 가족에게 갖다 줄 간단한 선물을 잊지는 않는다. 한 시간도 안 걸려서 한글쓰기를 배운 바 있는 한 독일 작가는 한글의 우수성을 찬탄하는 징표로 한글이 찍혀 있는 티셔츠를 사고자 했다. 열두 살짜리 딸에게 줄 선물이라면, 나라도 예쁜 티셔츠를 골랐을 것이다. 그런데 백화점과 시장을 돌아보니 도대체 우리말이 들어간 티셔츠를 찾을 수 없었다. 모두가 영어와 서양그림이 찍힌 것들뿐이었다. 그 작가는 이해할 수 없다는 표정이었다. 그를 안내한 나 자신도 마찬가지였다. 올해는 한국 방문의 해이고, 내년은 2002년 월드컵 게임이 우리나라에서 열린다는데, 어떻게 이처럼 한국을 부각시키는 관광기념품이 없단 말인가. 외국 관광객들이 한국 여행에서 원하는 것은 우리 한국에서만 할 수 있는 문화체험과 이곳에서 밖에 살 수 없는 기념품이라는 간단한 사실이 간과되고 있는 것이 안타깝다.

통탄할 일은 이것뿐만이 아니다. 일찍이 세계적인 영자 주간지가 '아직도 신들이 살고 있는 섬'이라고 격찬했던 제주도를 국제 자유도시로 발전시키기 위하여 영어 공용화 지역으로 만들 계획이 논의 중이라는 보도가 나왔다. 어떤 인사들이 이러한 발상을 냈는지 모르지만, 이런 사람들이 백년 전에 나왔다면, 나라를 일본에 갖다 바치는 데 앞장섰을 것이다. 그렇지 않아도 요즘의 세태는 쓰라린 과거를 되새겨주는 경우가 많다. 거리의 간판들이 외국어 투성이거나, 글씨도 아예 외국어로 씌어져 있고, 도로를 가득 채운 자동차 이름이 모조리 외국어이고, 수많은 행인들이 머리를 서양식으로 염색했다. 공적 신분으로 활동하는 인기 스타들이 성명을 외국어로 바꾼 경우도 허다하다. '창씨 개명'이나 '일어 상용'이 양상을 달리하여 재현되고 있는 것만 같다. 걸핏하면 세계화를 들먹이지만, 우리의 정체성이 없는 세계화는 새로운 식민지로 몰락하는 결과를 가져오기 쉽다. 이러한 우려는 결코 민족주의나 보수주의에서 비롯된 것이 아니다. 강대국의 변방으로 복속되기를 거부하는 독립적 민족문화의 당위성에 관한 문제이다. 우리 문화의 특수성과 장점을 세계화하는 것과 일방적 세계화를 당하는 것은 정반대 방향으로 흐르는 조류이다.

외국문학 전공으로 생업을 삼고, 우리말로 시를 쓰면서 살아왔기 때문에, 외국어에 대한 이해와 우리말에 대한 사랑은 남 못지않다고 자부하는 입장에서 하는 말이다. 외국유학을 한 사람들을 보면, 서양에서 공부했다 하더라도, 어느 나라에서 했느냐에 따라 차이가 난다. 이를테면 미국, 프랑스, 독일에서 공부한 사람들이 서로 다른 편차를 드러내는 것은 그 나라의 언어와 문화가 제각기 다르기 때문이다. 언어는 단순한 의사소통의 도구가 아니라, 사유와 존재를 근본적으로 결정하는 특성을 가지고 있고, 또한 그 언어 특유의 문화를 형성한다. 그러므로 우리나라에서 학부나 대학원을 나온 경우에도 영문과, 불문과, 독문과를 졸업한 학생들이 전공에 따라서 서로 다른 사고와 행동을 보여주게 마련이다. 또한 외국어문학을 공부하다 보면, 우리의 언어와 문화에 대한 거리감과 비판적 시각도 생기게 된다. 그러므로 다양한 외국어문학을 해당 문화와 관련하여 가르치는 것은 세계화의 안목을 넓히는 데 매우 중요하다. 하지만 외국어문학을 제대로 공부한 사람치고, 자기가 배운 외국어를 우리나라의 공용어로 만들어야 한다고 주장하는 사람은 거의 없다. 오히려 우리말을 남달리 사랑하고, 우리 문화를 앞장서 선양하려고 한다. 나와 남, 우리와 그들, 모국어와 외국어, 한국문화와 외국문화의 관계를 너무나 잘 알고 있기 때문이다.

그렇다면 영어를 공용어로 삼자고 주장하는 사람들은 도대체 누구인가. 대답은 자명하다. 바로 외국어를 모르는 사람들이다. 워낙에 영어를 잘 못하는 사람들이 보통 때도 영어를 많이 섞어 쓰고, 미국에 잠깐 다녀온 사람들이 미국에 관한 여행기를 내는 것으로 보아도 알 수 있다. 이러한 사람들이 정당이나 정부의 일각에 앉아서 우리나라의 언어와 문화를 좌우하기 때문에 제주도 영어 공용화 같은 희한한 방안을 내놓는 것이다. 인재의 적재적소 등용이 제대로 안 된 결과라고도 볼 수 있다.

지금 우리에게 시급한 일은, 나라말을 바꾸려는 엉뚱한 세계화 망상이 아니라, 우리나라의 정체성과 우리문화의 특성을 살려서 세계에 한국의 아름다움을 품위 있게 제대로 알리는 조그만 관광기념품 몇 가지라도 제대로 개발해내는 일이다.

(2001)

조급한 교육의 열성

초·중·고등학교 학생들의 조기 유학 열풍이 거세지고 있다. 조기 유학을 떠난 학생들 가운데 상당수가 교육과 거리가 먼 타락의 늪에 빠져 버렸다는 TV 보도가 이미 오래 전에 방영되었다. 그래도 조기 유학을 통하여 지나친 과외 열풍을 피하고 영어 하나만이라도 건져야 한다고 생각하는 학부모들이 많은 것 같다. 이들의 주장에도 일리는 있다. 외국어는 되도록 일찍 배울수록 성과가 크다는 점이다.

하지만 외국어는 모국어가 있어야 존재한다는 사실을 잊어서는 안 된다. 자녀들에게 모국어를 제대로 배우기도 전에 외국어를 가르치려는 학부모의 조급한 열성은 본말이 전도된 것이다. 자기가 할 말을 상대방이 외국인이니까 모국어 대신 외국어로 말하는 것이다. 우선 할 말이 있어야 모국어든 외국어든 언어로 전달하는 것 아닌가. 그런데 의사 전달의 도구인 외국어 그 자체를 목적으로 착각하는 경우가 많다. 이를테면 정보통신 분야에서 하드웨어 생산이나 네트워크 구축에 상당한 기술을 가지고 있어도, 그 안에 담을 콘텐츠가 없으면 외국의 정보 식민지로 전락하기 쉬운 것이나 마찬가지다. 외국어를 통하여 말할 자기주장이 없으면, 그 외국어를 앞세운 나라의 정신적, 물질적 지배에 종속되는 결과만 가져오게 마련이다. '모국어를 제대로 아는 사람이라야 외국어도 잘 한다'는 명언도 이런 데서 나왔을 것이다.

요즘 우리나라의 교육 상황을 보면, 이상과 현실이 뒤바뀐 경우가 많다. 우리나라에서 국력을 기울이는 교육 목표는 컴퓨터 조작과 영어 습득이라고 말해도 과언이 아니다. 그런데 교육 현장의 컴퓨터 보급률이 세계의 선두 그룹에 속한다고 자랑하면서도, 현실적으로는 해당 분야의 고급 인력 부족으로 외국인을 초빙해 온다. 수많은 원어민을 특채하여 초등학교 때부터 영어를 가르치지만, 한국인이 영어를 잘한다는 말은 아직 들어

보지 못했다. 유치원부터 영어를 가르친다고 법석을 떤 지가 여러 해 되었지만, 고등교육을 받은 젊은이들의 영어 능력이 옛날보다 나아지지 않는 이유도 면밀히 검토해 볼 필요가 있다. 엄청난 사교육비를 들이는 교육열에 비하여 왜 성과는 기대에 못 미치는가.

우스갯소리로 정의를 내린다면 학생이란 공부하기 싫은 청소년이다. 어렸을 때 꼭 배워야 하는 도덕이나 윤리, 삶의 기초가 되는 과목들은 그러므로 억지로 가르쳐야 하는 경우가 많다. 그런데 '수요자 중심 교육'이라는 유행어를 내세워서 시장의 원리를 교육에 도입한 뒤부터 우리의 공교육이 엉뚱한 구조 조정을 강행하게 되었다. 외국어 교육의 성과가 부진한 까닭도 바로 여기서 비롯된다. 외국어 습득은 되도록 일찍 시작해서 꾸준히 지속해야만 가능하다. 하나의 언어를 배우는 데는 별다른 왕도가 없다. 단기 완성이 불가능한 것이다. 그런데 수요자인 학생들의 부담을 덜어준다고 시간과 점수를 축소 하향 조정해 놓았다. 그 결과 영문과를 졸업해도 영어를 제대로 읽지 못하는 어처구니없는 경우가 나타날지도 모른다는 우려가 생기고 있다. 제2외국어는 이른바 국민교육 공통 기본 과목에서 아예 제외되었고, 고등학교나 대학교에서도 학생 선택의 폭을 넓

힌다는 명목으로 수강 의무량을 대폭 줄여 공부하지 않아도 되는 제도를 만들어 놓았다. 꾸준히 노력해야만 습득이 가능한 외국어를 학생들이 자발적으로 배울 리 있는가.

국어나 국사의 경우도 비슷하다. 언어는 사고의 매체라고 할 수 있으므로, 한 민족의 정체성은 민족어를 통하여 그 특성이 구현되게 마련이다. 국어를 제대로 가르치지 않고 영어교육에만 몰두하는 것은 영어를 앞세운 제국주의적 지배 세력을 무비판적으로 받아들이게 만드는 단초가 될 뿐만 아니라, 영어 습득 자체를 어렵게 만드는 요인도 된다. 아무리 머리카락을 노랗게 염색하고 힙합 바지를 끌고 다녀도 한국인의 정체성은 바뀌지 않는다. 우리의 역사와 국토를 아는 것은 우리 삶의 기초인데, 국사나 지리를 선택과목으로 만들어 놓은 것도 해괴한 개혁이다. 우리 학생들에게 한국사를 제대로 가르치지 않는 교육 정책은 극단적인 민족주의를 버리지 못하는 일본의 역사교과서 왜곡과 너무나 대조적이다.

우리의 교육 정책에 대한 근본적 반성이 있어야겠다. 세계화 시대의 효율적 교육은 우리의 언어와 역사와 전통을 존중하는 바탕에서 이루어져야 한다. 예컨대 학생들에게 교육의 기회를 균등하게 제공하는 정책은 중요하다. 그러나 이것을 획일적

평준화와 혼동한 것은 큰 오류이다. 우리나라의 우수한 학교들을 하향 평준화로 없애버리고, 외국의 명문학교로 조기 유학을 보내거나, 아예 외국학교 분교를 수입하려는 오늘의 현실을 보면 이것이 과연 교육의 세계화인지, 아니면 교육의 식민지화인지 착잡한 느낌을 금할 수 없다. (2001)

셋째 아이가 없는 부모의 슬픔

한 동네에서 몇십 년 살다가 보면 자연히 이웃 사정에 밝아지게 된다. 미니 슈퍼, 세탁소, 이발소, 중국집, 복덕방, 정육점, 쌀가게 등은 주인이 가끔 바뀌고 연립주택 주민들은 이사를 자주 한다. 골목 모퉁이에 자리 잡은 전파상은 생긴 지 십년가까이 되었는데 요즘 와서 업종이 바뀌었다. 애초에 전화기, 라디오, 텔레비전 수상기 따위를 수리해 주는 고물상으로 출발하여 한때는 전자기구 부속품을 조립 납품하던 영세 제조업체였던 이 전파상은 조명기구와 카세트, 녹음기, 전자오락 기구를 파는 대리점이 되었다가 요즘에는 비디오

테이프를 빌려주는 대여점으로 바뀌었다. 의외로 수입 좋아 이제는 전기제품 수리에서 완전히 손을 뗐다. 동네 사람들 가운데서도 특히 젊은 세대와 청소년 학생들이 이 집의 주요 고객이다.

지난번 방송 제작 거부 사태가 일어났을 때, 이 가게는 그야말로 입추의 여지가 없이 붐볐다. 정규 방송이 중단되고, TV 연속극마저 끊어지자 가요 프로그램이나 연속극 안 보고는 살 수 없는 동네 사람들이 모조리 이 집으로 몰려들어 홍콩 괴기 영화라도 한 편 빌려다 보려고 일대 소란을 벌였던 것이다. 이를 계기로 이 비디오점은 가게를 넓히는 등 날로 번창하여 이제는 우리 동네에서 가장 번듯한 점포가 되기에 이르렀다.

역시 서비스 산업이라야 후기 자본주의 산업사회에서 돈을 벌 수 있다는 성공 사례를 웅변으로 보여준 셈이다. 동네 청소년들 가운데는 이 가게의 그 많은 비디오를 모조리 빌려다 보고, 새 비디오가 들어오지 않았나 매일 문의하는 아이들도 많다고 한다. 요즘 청소년들은 만화보다 비디오를 좋아한다. 만화는 한 장 한 장 넘겨가면서 읽어야만 하는데, 비디오는 틀어놓고 앉아있기만 하면 별별 희한한 일들이 그대로 눈앞에서 일어나기 때문이다. 만화를 읽는 만큼의 상상력조차도 동원할 필요가 없는 것이다. 1980년대에 청소년 시절을 보낸 세대가 컬러 TV의 영향을 많이 받았다면, 아마 오늘의 청소년 세대는 비디오로부터 모든 것을 배우는 세대가 될지도 모른다.

이들은 TV 광고에 나오는 상표가 붙은 옷을 사 입으려 하고 화면에 나오는 국내 스타들의 머리 모양과 말투를 흉내 내며, 비디오의 주인공과 같은 행동 양식을 실제생활에서 모방한다. 만화조차 읽기를 싫어하는 이들에게 공부를 하라거나 책을 읽으라는 부모의 모습은 화면 속의 단역 배우만도 못하게 보일 것이 뻔하다. 기계가 인간을 소외시키는 경우는 산업 현장에서만 일어나는 것이 아니라, 어느 새 가정에까지 침투하여 오늘날의 청소년들을 부모로부터 멀리하게 하는 요인으로 작용하고 있는 것 같다.

바로 이러한 청소년들을 아들, 딸로 둔 지금의 사오십대 부모들은 자식 세대와의 단절과 갈등을 유달리 현저하게 느낄 수밖에 없다. 청소년의 꽃이라 할 수 있는 대학생 세대와 인생의 노년기에 접어드는 부모 세대 사이의 이러한 관계를 한 편의 비디오 필름으로 만든다면 어떨까.

부모와 자식 사이의 불화나 기성 세대와 청년 세대간의 갈등은 어제 오늘에 생겨난 것이 아니라 이미 인류의 역사만큼이나 오래된 테마이다.

다만 그 양상이 시대에 따라 달라질 터인데, 오늘날 세대 갈등의 양상을 결정하는 변수는 과학기술의 급격한 발달과 예측하기 힘든 사회 변동이라 할 수 있다. 전파매체와 전자기기가 세대간의 감수성이나 사고방식의 이질화를 가져온 것은 위에서 살펴본 바와 같거니와, 가족계획과 그 실천에 따른 대가족제도의 붕괴도 공동체적 가치관의 소멸과 이기적 쾌락 추구를 부추겼다. 슬하에 삼남이녀를 두었다든가, 아들만 얻으려고 자꾸 낳다보니 딸만 일곱을 두게 되었다든가 하는 집안이 이제는 없다.

둘만 낳아 잘 기르자는 정부 시책에 호응하여 지금의 사오십대 부모들은 아들 딸 가리지 않고 자식을 둘만 둔 경우가 많고 아래 연배로 내려가면 하나만으로 만족하는 젊은 부부도 늘어난다. 그 다음 세대에게 가서는 서양의 일부 선진국에서 그렇듯 결혼은 하되 아이는 안 낳는 풍조가 나타날지도 모른다. 어쨌든 요즘의 청소년들은 어느 가정에서나 외아들 아니면 외동딸로서 부모의 사랑을 독점하기 쉽다. 많아야 둘밖에 안 되는 귀한 자식들이니 버릇없이 자라도 그저 귀엽기만 할 수밖에 없다.

여기에다 대학 진학이라는 우리나라 특유의 통과의례가 첨가된다. 대부분의 학부모들은 대학 입학시험 합격을 옛날의 과거급제와 동일시하는 집단 무의식에 사로잡혀 있기 때문에, 자식들의 대입 합격을 위해서라면 무슨 짓이라도 서슴지 않는다. 아이들도 재수를 하든 삼수를 하든 일단 대학에만 들어가면, 그것으로 부모에 대한 효도와 사회에 대한 기여를 다하고도 남았다는 망상과 아집에 빠지는 수가 많다. 예컨대 부모와 자식들의 관계를 다룬 어느 비디오 필름에 아빠, 엄마, 갑수, 을수가 등장한다고 가정해 보자.

큰아들 갑수는 재수생 시절에도 부모의 속을 무척 썩였다. 아침에 아빠가 출근길에 학원 문 앞까지 태워다 주고 저녁때는 엄마가 데리러 다녔는데도, 팔월 달부터는 완전히 자포자기 상태에 빠져서 학원 근처의 당구장이나 영화관에서 하루를 보내기 일쑤였다. 그래도 대입 학력고사에서 찍기를 잘한 덕택에 가까스로 진학에 성공했다. 이때부터 갑수는 지킬박사에서 하이드씨로 예측하지 못했던 변모를 했다.

수험생 시절에는 그렇게 잠이 많던 아이가 밤새도록 나돌아다니며 집에 들어오지 않았다. 그동안 공부하느라고 고생했으니 좀 놀게 내버려두자는 것이 부모의 마음이었지만, 아들의 이러한 행각은 그칠 줄 모르고 계속되었다. 책을 한 글자도 읽지 않는 것은 물론이고 신문도 TV 프로그램과 영화 광고밖에는 보지 않았다. 도대체 활자 매체 전반을 거부했다. 중고등학교 때부터 수많은 교과서 이외에도 잡다한 참고서나 문제집에 너무 시달린 나머지 이러한 거부 반응이 생겼는지도 몰라도 장래가 염려된다.

부모의 걱정을 아들은 완전히 무시했다. 고등학생 과외 지도를 맡아 자기 용돈을 벌게 되자 아들의 일정은 더욱 바빠졌다. 당구장, 카페, 볼링장, 맥주집, 디스코텍, 나이트클럽을 쏘다니기에 바빠 학교 강의에도 제대로 나가지 않았다. 과외 지도 두 군데를 맡아 월수 오십만 원 이상을 올리니, 갑수는 이제 백만장자가 된 기분이었다. 엄마의 만류를 무릅쓰고 제 마음대로 월부로 구입한 일제 오토바이는 일주일만에 도둑을 맞아 근심을 덜어 주었으나, 이제는 스포츠카를 사겠다는 포부를 품고 있었다.

그러니 이 포부를 실현하기는 쉽지 않을 것 같았다. 왜냐하면 그 막대한 과외 수입을 한 달도 되기 전에 유흥비로 다 써버리기 때문이다. 맥가이버처럼 긴 머리에 람보처럼 알록달록 띠를 두르고, 천박한 영어 만화가 그려진 셔츠를 걸치고, 이태원

제 반바지를 입고, 화류계 여자처럼 짙은 향수 냄새를 풍기며 집을 나서는 갑수의 뒷모습을 바라보는 부모의 소망은 이제 두 가지 밖에 없다.

저 애가 제발 어느 외국 가수처럼 화장이나 하지 않았으면 좋겠는데, 그리고 환각제 같은 약물 복용만은 하지 말아야 할 텐데.

작은 아들 을수는 큰아들 갑수에 비하여 효자이다. 을수는 재수를 하지 않고 대번에 대학에 들어감으로써 부모로 하여금 기쁨의 눈물을 흘리게 한 아이였다. 그는 주위로부터 천재라는 칭찬을 들었으며, 재수생 친구들로부터는 인생을 더불어 논할 자격이 없다는 비아냥거림을 받았다.

갑수와는 여러 가지 면에서 대조적이었다. 단정하게 머리를 깎고 남의 눈에 띄지 않는 수수한 옷차림에 묵직한 가방을 들고 다녀 누가 보아도 전형적인 대학생이었다. 바로 이러한 겉모습 때문에 그는 지하도를 건널 때마다 사복 전경들로부터 가방 검색을 당하곤 했다. 과외지도를 해서 번 돈으로 을수는 고등학교 때 읽지 못했던 사회과학 서적을 사 모았다. 카세트, 비디오테이프, 외국 배우들 사진, 의상 모드 잡지들이 널려진 갑수의 방과는 달리 이 애의 방에는 사면이 책으로 가득 차서 이

집안의 도서관이라고 부를 정도였다. 대학 생활에도 상당히 적극적이었다.

거의 매일 학교에 나가 친구와 선배들을 만나고 독서 클럽에 나가 토론을 하고 엠티나 수련회 등 집단행사에 열심히 참가했다. 그럴 즈음부터 을수의 옷에서 고추 말리는 냄새가 나기 시작했다. 갑수처럼 사내 녀석의 몸뚱이에서 외제 화장품 냄새가 풀풀 나는 것도 역겨운 노릇이지만 최루탄 냄새를 집안 가득히 풍기는 것도 문제여서, 이 애가 혹시나 하는 의구심이 들었다. 바로 그때 학교와 경찰서에 동시에 연락이 왔다. 데모에 앞장을 섰다가 붙잡힌 을수를 어느 경찰서에서 보호하고 있으니 학부모가 와서 인수해 가라는 것이었다.

부모로서는 도저히 믿을 수 없는 사실이었다. 이리하여 씩씩하고 믿음직스러운 둘째 아들 을수는 대학에 들어간 지 불과 석달 만에 이른바 운동권 학생으로 분류되었다. 제발 일생을 망칠 짓을 하지 말라고 간곡히 타일렀으나 막무가내였다. 노동 해방과 조국 통일만이 이른바 계급 모순과 민족 모순을 근본적으로 해결하는 유일한 방법이라고 열렬히 주장하며 이것을 앞당기는 것이 공부보다도 훨씬 중요하다고 을수는 철석같이 믿고 있었다. 아빠의 호통이나 엄마의 애원을 을수는 한낱 반민

중적 소시민 근성으로 무시해 버렸다.

아들만 둘 두었고, 그 두 아들을 모두 대학에 보냈다고 주위의 부러움을 한껏 받아왔던 이 부모는 바른팔과 왼팔을 한꺼번에 잃어버린 느낌이었다. 정작 대학에 들어가자 두 아들이 모두 이상하게 달라져 버렸기 때문이다. 물론 이 아이들의 앞날이 아직 창창하니까, 더욱 많은 것을 배우고 제 나름대로 인생의 체험이 깊어지면 또 달라질 수도 있을 것이다.

하지만 될성부른 나무는 떡잎부터 알아본다는 말도 있는데, 이십대 초년에 이처럼 말초적 쾌락에만 탐닉하거나 경직된 관념만을 맹종한다면, 나중에 어른이 되어서도 이들은 결국 극단적 개인주의자 아니면 배타적 집단주의자가 되고 말지 않을까. 차라리 셋째 아이를 하나 더 낳았더라면, 이 두 아들의 진테제가 이루어지지 않았을까. 부모의 생각이 여기까지 이르렀을 때, 비디오 필름은 끝나는 것이 좋다. 마지막 장면은 수많은 남녀 대학생들이 교문을 드나들고 강의를 듣고 도서관에서 공부하는 모습을 보여줄 것이다.

부모가 꿈꾸는 셋째 아이는 바로 이러한 젊은이들이다. 우리의 미래를 이끌어갈 건강한 다수의 청소년들에 비하면 부모의 기대를 배반한 갑수와 을수는 소수의 유형에 불과하다. 그러나 셋째 아이처럼 평범한 다수의 청소년들 뿐 아니라, 편향된 소수의 대학생들에게 바른 균형 감각을 마련해 주는 것도 성숙한 사회의 발전을 위하여 매우 중요하다. 이것은 어느 특정한 부모나 가정, 또는 담당 교원이나 학교만의 책임이 아니라, 급격한 변동 사회를 살아가고 있는 우리 모두가 나누어 맡아야 할 일이다. 유달리 견디기 힘들었던 무더위가 고개를 숙이고, 아침저녁 선들바람이 불면서 이제 가을 학기가 시작된다.

(1990)

1986년 이야기

1970년대 유럽에 있을 때, 외국인들이 우리나라의 정치와 외교에 관하여 노골적인 비판을 늘어놓는 것을 듣고 민망스럽게 느낀 적이 많았다. 그 중에도 '월남 파병'과 '독재 국가'라는 말을 가장 많이 들었다. 외국에 가면 누구나 애국자가 되게 마련이므로, 내 딴에는 열심히 우리나라를 변호해 보았지만, 외국어 실력이 모자라는 탓인지 상대방을 설득시킬 수 없었다. 월남 파병은 전쟁의 종식과 함께 70년대 중반부터 일단 화제에서 사라졌다. 그러나 유신 체제의 등장과 더불어 독재 국가의 풍문은 더욱 가속화되었고, 우리의 국가

원수가 전 세계의 유수한 독재자들 가운데서도 높은 서열에 드는 것을 보고 낯이 뜨거웠다. 나처럼 기질적으로 정치 현실에 대한 감각이 무딘 사람도 창피하지 않을 수가 없었다. 특히 장충체육관에서 100%에 육박하는 찬성 투표를 통하여 대통령을 선출하는 방식은 일찍이 채플린도 생각해내지 못했던 희극으로 보였다. 국회의사당, 세종문화회관, 여의도광장 등 세계에 자랑할 만한 장소들을 제쳐놓고 운동선수도 아닌 대통령을 왜 하필이면 체육관에서 뽑는단 말인가!

앞으로 개헌을 한다면 적어도 이처럼 창피한 꼴을 세계 만방에 과시하는 일이 없도록 만들어야 할 것이다. 어떤 형태의 통치자를 선출하든지 국민이 자발적인 의사로 직접 투표권을 행사할 수 있어야 찬성과 반대가 분명해지고, 공정한 선거가 이루어져야 그 결과에 승복하게 된다. 찬성과 반대는 대립적일망정 동전의 양면과 같은 것이므로, 비록 자기가 반대하는 후보자가 당선되더라도 '반대'를 통하여 거기에 '참여'하게 된다. 그러나 얼굴도 이름도 모르는 대의원들이 체육관에 모여서 미리 짜놓은 각본대로 대통령 뽑기를 끝내버리면, 국민 대다수는 소외당한 나머지 정치에 무관심하게 되므로, 결국 유신 체제의 말기 증상과 같은 결과를 가져오게 되기 싶다.

모든 사물에 앞과 뒤가 있듯이 무슨 일이든지 찬성과 반대가 있게 마련이다. 선거 방식은 찬성과 반대의 양쪽 의사를 최대한도로 수렴할 수 있어야 한다. 국회의원 선거의 경우 유권자의 수효를 기준으로 동등한 규모의 소선거구를 설정하고 여기서 1명의 지역구 의원을 선출 하도록 해야만, 시골 지역의 어떤 여당 당선자가 도시 지역의 어떤 야당 낙선자보다 득표수가 훨씬 적어지는 부조리한 결과를 예방할 수 있다. 그리고 10명의 투표자로부터 4명의 후보자가 각각 4,3,2,1표를 얻어 1명이 당선된다면 찬성 4 : 반대 6이라는 결론이 나온다. 실제로 찬성보다 더 많은 반대의 의견을 국정에 반영하려면, 찬성과 반대 득표를 모두 정당별 총 득표로 집계하여 그 결과에 따라 전국구 의원을 배분하는 것이 좋다. 이것이 아마도 찬성과 반대의 민의를 최대한도로 수렴하는 합리적 방법이 될 것이다.

그 발생 경로 자체를 살펴보아도 알 수 있지만, 민주주의는 한 사람의 가부장적 카리스마에 의하여 획일적으로 실시되는 완성된 제도가 아니라, 다수의 개인 의견을 종합하여 공동으로 실천해 나가는 유기적 생성의 정치 제도라 할 수 있다. 그러므로 진정한 민주화를 실현하려면 시간적·공간적 또는 역사적·지역적 상황과 특성을 융통성 있게 포용해야 하는데, 그

바탕이 되는 것이 곧 지방자치제도이다. 개체 발생은 계통 발생을 반복한다는 평범한 진리에 역행하지 말고, 우리도 지방자치제도를 조속히 실시해야 한다. 이것도 어차피 완제품을 수입하여 일사불란하게 시행할 수 있는 성질의 것이 아니다. 처음에는 혼란스럽게 보여도, 한번 시작하면 시간이 흐름에 따라 진통을 겪어가며 발전하여 서서히 정착되리라 믿는다. 이미 신라 시대에 화백 제도를 가졌던 우리가 왜 지금 지방자치제도를 실시할 수 없을 것인가. 새 헌법은 지방자치제도를 바탕으로 만들어 권력의 중앙 집중을 제도적으로 억제할 수 있어야겠다.

제5공화국은 탄생 전후의 여러 가지 혁명적 조치에도 불구하고 군부의 직접적 정치 개입과 광주 사태의 무력 진압, 유신 체제를 이어받은 대통령 선출 방식 때문에 처음부터 국민들로부터 정치적 정통성을 인정받는 데 성공하지 못한 것으로 보인다. 또한 유신 시대부터 지속되어온 경제적 발전의 성과도 기대하던 바와는 다르게 나타났다. 외형적 경제 성장은 화려했지만, 소득 분배의 불균형과 국민경제 자립의 실패는 노동 문제의 빈발(頻發)과 엄청난 외채의 누적을 가져왔다. 일부 대학생들의 반정부 반외세 운동이나 노동 운동의 원인도 거슬러 올라가면 아마 여기에 귀착될 것이다. 이처럼 불안한 정치적·경제적 문제가 오늘의 우리 생활 주변에서 끊임없이 일어나고 있는데도 그 원인을 찾아 고쳐나갈 생각을 하지 않고, 그 결과만을 감추기 위하여 언론을 통제하고 대중 매체를 조작하려는 시도는 KBS-TV 시청료 거부라는 전대미문의 국민 저항 운동을 불러일으켰다. 언제나 원인에는 결과가 뒤따르고 결과에는 원인이 선행한다는 인과론의 상식을 깨닫는 것이 지금 우리에게 가장 긴급한 사회적 과제이다. 물론 이것이 새로운 현상은 아니다. 이미 1980년대 벽두에 나는 「반달곰에게」라는 시에서 이러한 문제를 다룬 바 있다.

> 하늘 아래 새로운 것이 어디 있으랴
> 창조도 하나의 결과에 지나지 않는다
> 태초에 원인이 있었고
> 뒤이어 결과가 따랐다
> 그 결과는 다시 원인이 되고
> 그 원인은 다시 결과를 낳았다
> 오래된 원인과 결과가
> 새로운 원인과 결과로 뒤 바뀌며
> 마침내 오늘에 이른 것이다

그렇다면 어제는 오늘의 원인이고

오늘은 어제의 결과이며

오늘은 내일의 원인이고

내일은 오늘의 결과임에 틀림없다

원인과 결과를 끊으려는 미련한 곰아

새로운 원인을 오래된 결과라 부르고

오래된 결과를 새로운 원인이라 부르며

원인 없는 결과를 만들려 하지 말라

때로는 죽음도 하나의 원인이 되는 법이다

그리고 하늘 아래 새로운 것은 없다

우리의 조상 단군이 환웅과 웅녀의 사이에서 태어났다는 옛 이야기가 전해 온다. 하지만 민주·정의·복지를 내세운 새 시대에 우리가 '미련한 곰'으로 퇴행해서는 안 된다. 그러나 현실은 그렇지 못하다. 예컨대 우리의 문화 정책을 보면 문화의 본질을 선혀 이해하지 못한 '곰의 재주'에 머물러 있는 느낌이다. 검열·금지·수색·압수·세무 사찰·연행·구속·투옥 등을 통하여 한 나라의 문화가 창달된 적이 없음은 멀지 않은 과거의 역사가 증명하고 있다. 그런데도 '무식한 위정자들은 문화도 수력발전소의 댐처럼 건설하는 것이라고 생각하고' 문화의 물길을 정부의 편의대로 다스리려고 하는 것 같다.

최고의 문화 정책은 내버려 두는 것이다. 제멋대로 내버려 두는 것이다. 그러면 된다. 그런데 그러지 않는다. 간섭을 하고 위협을 하고 탄압을 한다(……). 이러한 문화의 간섭과 위협과 탄압이 바로 독재적인 국가의 본질과 존재 그 자체로 되어 있는 것이다.

거의 20년 전에 김수영(金洙暎) 시인이 말한 위의 내용이 아직도 타당성을 발휘하고 있는 것이 오늘의 실정이다. 자생적인 문화 활동을 북돋워주지는 못할망정 억누르지는 말아 달라는 것, 그저 제멋대로 내버려 두기라도 해 달라는 것이 지금도 우리 문화인들의 간절한 소망 아닌가. 원인과 결과를 인식할 능력이 전혀 없는 '반달곰에게' 이 이상의 요구는 하지도 않겠다는 것이 아마도 우리 문화인들의 겸허한 자세일 것이다. 이 소박한 희망의 실현이 우리의 가장 긴급한 문화적 과제라고 생각한다.

우리가 당면하고 있는 커다란 문제 가운데 학원 사태와 급진 세력의 대두를 빼놓을 수 없다.

4·19에서 시작된 대학생 시위운동은 어느새 4반세기를 넘

어 계속 되어 오고 있다. 해방 이후 지금까지 우리나라의 어느 정권도 이렇게 오래 버텨보지 못했다. 4·19가 이미 40대 후반에 접어들었고, 4·19 때 태어난 아기들이 벌써 대학을 졸업할 나이인 20대 중반을 넘어섰다는 점을 고려해 보면, 지금 우리나라를 이끌어가는 연령층의 4분의 3이 직접 간접적으로 대학생 시위운동을 체험했다는 사실을 부인할 수 없다. 이제 대한민국의 청년의 통과의례처럼 되어버린 이 데모를 고성능 최루탄을 쏘고 길가에서 가방을 뒤짐으로써 없애기는 힘들 것 같다. 그러나 다른 나라에서는 1960년대 말을 고비로 퇴조한 대학생 시위운동을 우리나라만 유구한 전통으로 지속해 나갈 필요도 없으니 근본적 대책을 강구해 보아야 할 것이다.

그러기 위해서는 요즘의 대학생 시위운동이 비록 기성 세대로서는 이해하기 힘든 방향으로 나간다 할지라도 그 대학생들이 바로 우리의 자녀임을 잊지 않는 것이 중요하다. 자기가 낳은 아들딸도 자기의 뜻대로 자라지 않는다는 것을, 자식을 길러 본 부모라면 다 알고 있다. 그렇다고 완력을 써서 자식을 바로잡을 수도 없고, 그저 공부나 하라고 윽박질러서 해결될 일도 아니다. 그들이 왜 그러한 행동을 하게 되었는지 먼저 그들의 말을 들어보고, 그 원인이 어디에 있는지 냉철하게 살펴보아야 한다. 기성 세대의 잘못으로 그러한 결과가 생겼다면 우리가 스스로 고쳐야 할 일이고, 젊은 세대의 잘못이 원인이라면 인생의 선배로서 타일러 그들을 깨우쳐 주어야 할 것이다. 고우나 미우나 그들은 우리나라의 장래를 떠메고 갈 사람들 아닌가.

대학생 운동은 어떻게 조직된 것이든 그 주역이 대학생이다. 대학생이란 출생 신분으로 결정되는 것도 아니고 특정 계급에 속하는 집단도 아니다. 어느 집의 자손이든, 어떤 계층의 출신이든 고등학교 과정을 졸업하고 대학 입학 학력고사에서 응분의 성적을 얻어 진학하면 대학생이 되고, 대학을 졸업하면 사회인이 되는 것이다. 그러므로 대학생의 교육이나 지도는 대학교에만 국한된 것이 아니다. 이미 중·고등학교 때부터 그 기초가 형성되고 사회에 진출하여 자기의 진로를 개척해 나가는 장래로 연결된다. 고등학교를 졸업할 때까지 하루에 거의 15시간을 학교에 가두어 놓고 오로지 사지택일 형 대학 입학 시험 준비만 시켜온 청소년들을 전혀 달라진 대학의 주관식 학습과 자율적 생활에 적응시키기는 쉬운 일이 아니다. 게다가 삶의 구체적 체험도 없고 비판적 독서의 능력도 없는 이들에게 흑백 논리나 급진적 이념의 유혹은 너무나 크다. 그러므로 중·고등학교 때부터 사물을 자기의 눈으로 관찰하고 비판하는 능력을 길러 주도록 교육 방법이나 입학 제도의 근본적 변혁이 필요하다. 그래야만 대학에 들어와서도 무리 없이 전공학과에 진입할 수 있다. 또 입학 후에는 다양한 서클 활동이 보장되어야 각자의 취미에 따라 다각도의 교양을 쌓을 수 있고, 아르바이트의 기회가 많이 주어져야 가난한 학생들도 사회 구조만을 탓하지 않고 스스로 학비를 벌어 공부할 용기를 얻게 된다. 그리고 각자의 실력에 따라 졸업 후에 취직자리가 확보된다면 운동권 가담 학생 숫자도 많이 줄어들 것이다. 우리의 경제 현황으로 보아 도저히 그 많은 대학 졸업생들에게 응분의 일자리를 마련해 줄 수 없다면, 정책적으로 과감하게 대학생의 수효를 줄여야 한다. 대학생·대학교수가 어디에선가 뚝 떨어져서 생겨난 것이 아니라 우리 모두가 만들고, 가르치고, 배우며, 함께 살아가는 존재라는 것을 깨달아야 할 것이다.

흔히 대학은 그 나라를 대표하는 지성의 전당이며, 그 사회의 양심의 보루라고 한다. 그렇다면 대학의 소리에 일단 귀를 기울여 보아야 한다. 정부의 시책을 비판하거나 반대한다고 해서 용공분자로 몰아붙이거나 관료적인 방법으로 박해를 하는 것은 정치 공학적으로 보아도 우둔하고 용렬한 짓이다. 박 정권 때부터 심해진 우리나라의 강권 정치는 일체의 비판과 반대를 용납하지 않는 군대식 방법으로 모든 반대자를 억압함으로써 결과적으로 수많은 '적'을 스스로 만들어냈다. 한 사람의 적은 그 가족과 친지를 포함하면 금방 열 사람 백 사람이 되고 시간이 갈수록 거의 기하급수적으로 늘어나게 마련이다. 포용이나 타협을 모르는 극한 통치 아래서 몸 둘 곳이 없게 될 때, 이 적들은 단순히 살아남기 위해서라도 과격한 저항세력이 되어 반체제 운동을 전개하는 수밖에 없게 된다. 이 세력이 계속 쫓기면서 지하에서 성장하면 정치 후진국에서 흔히 그렇듯 무장 게릴라로 변신할 수도 있다. 이들 급진 세력을 막다른 골목으로 몰아넣으려 하지 말고 갈 길을 터주는 것이 슬기로운 방법이다. 우리의 의회 민주주의 체제 안에 이들을 수용하여 건전한 반대세력으로 육성하려면 명실 공히 새로운 혁신 정당의 출현을 막지 말아야 할 것이다. (1986)

쾨페니크 대위

1906년 10월 군국주의 나라 독일제국에서 다음과 같은 일이 일어났다. 베를린 근처의 쾨페니크라는 작은 도시에 어떤 육군대위가 사병 1개 소대를 거느리고 시청에 침입, 시장을 체포하고 시 금고를 압수해 가지고 사라졌는데, 곧 이 육군 장교가 가짜였음이 드러났다. 질서와 책임이라는 모토 아래 모든 일이 일사불란하게 돌아가는 독일제국에서 대낮에 이처럼 터무니없는 사건이 일어났다는 것은 실로 믿기 힘든 일이었다. 이 소식을 전해 들은 '카이저'는 화를 내는 대신 껄껄 웃으면서 "이런 일이야말로 독일제국에서만 일어날 수 있다. 이것이 바로 우리 국민이 얼마나 잘 훈련되어 있는가 하는 증거이다."고 말했다고 한다.

그런데 더욱 우스운 것은 이 사건의 후일담이다. '쾨페니크' 대위라는 별명을 얻게 된 이 희대의 사기꾼을 잡으려고 수사 기관은 백방으로 노력했으나 전혀 단서를 잡을 수 없어 독일제국 경찰의 체면이 말이 아니게 되었다. 이때, 50대의 초라한 구두 수선공 한 사람이 나타나 자기에게 주민등록증이나 여권을 발급해 주면 범인을 찾아내겠다고 제안했다. 경찰이 이 제안을 받아들이자 '빌헬름 포이크트'라는 이 구두 수선공은 자기가 바로 쾨페니크 대위였다고 자수했다. 너무나 보잘 것 없는 인물이었던지라 경찰은 믿으려 하지 않았다. 그러나 그것은 사실이었다. 포이크트는 거의 한 평생을 감옥에서 살다시피 한 전과자였다.

그의 첫 번째 경력은 우편 서류 위조로 시작되었다. 데이트 비용을 마련하기 위하여 젊은 포이크트는 우편 송금 서류를 위조해서 관청 돈 3백 마르크를 빼내 쓰다 덜미가 잡혔던 것이다. 독일제국 같은 관료 국가에서 관청을 속인 죄는 엄청난 대가를 치러야 했으므로 포이크트는 15년 동안 감옥살이를 해야만 했다. 덕분에 그는 군대 복무를 할 시기를 죄수로 복역하면서 보낸 셈인데, 당시 독일제국에서는 군 복무를 하지 않은 남자는 사람 축에 낄 수 없었으므로, 병역조차 치르지 못한 전과자가 돼버린 그의 인생은 깨어진 접시나 다름없었다.

형기를 끝마치고 나온 그에겐 먹고 살 길이 전혀 없었다. 왜냐하면 당시의 기막힌 관료제도 아래서는 주민등록증이 있는 사람이라야 취업을 할 수 있었고, 주민등록증을 발급받으려면 어딘가 일자리가 있다는 증명서를 떼어 와야 했기 때문에 포이크트의 경우에는 완전히 앞뒤가 막혀버린 꼴이었다.

그리하여 주민등록증을 위조하려다가 다시 감옥으로 들어가는 등 악순환의 연속으로 30년 이상의 전과 경력을 쌓게 되었다. 한 장의 종이 조각에 불과한 증명서가 없었기 때문에 그는 감옥 바깥의 땅에는 발을 붙일 수 없었던 것이다.

예비역 장성인 감옥소장은 죄수들에게 군사 훈련을 시키며 지난날을 회상하는 것이 취미였다. 30년 이상을 감옥소에서 병정놀이 연습을 하다 보니 포이크트는 정규군 출신보다 더 정확하게 군율을 익히게 되었다.

마침내 나이 56세가 되어서야 그에게 묘안이 떠올랐다. 헌옷을 파는 고물상에서 그는 가장무도회에 입고 간다는 구실로 육군 대위 정복을 모자와 군도까지 끼어서 헐값에 샀다. 베를린에서 가까운 쾨페니크에 간 그는 철도역 공중변소에서 육군 대위 정장으로 갈아입었다. 유니폼의 위력 앞에 모두가 그에게 경례를 붙였다. 그는 특별 작전명령을 수행해야 한다는 명분으로 병력을 차출했다.

장교의 명령에 절대적으로 복종하는 독일제국의 엄청난 군율은 육군 대위로 복장한 전과자에게 삽시간에 일개 소대 병력을 동원하는 권력을 부여했던 것이다. 그는 시청으로 진군하여 시장을 체포하고 시 금고를 압류한 다음 주민등록증 발급대장을 가져오게 했다. 이 작전의 근본 목적은 빌헬름 포이크트를 위한 진짜 주민등록증이나 여권을 하나 얻는 데 있었던 것이다. 그러나 유감스럽게도 쾨페니크는 너무 작은 도시여서 신분증명서를 발급하는 부서가 없었다. 결국 그는 자기의 오랜 소원을 실현할 마지막 기회를 놓치고 말았다.

이 실화를 소재로 하여 쓴 '카를 쭈크마이어'의 연극 〈쾨페니크 대위〉는 1931년 초연된 이래 크게 히트하여 오늘날 세계 도처에서 상연되고 있으며, '하인쯔 뤼만' 주연의 영화로도 널리 알려져 있다.

이 이야기가 갑자기 떠오른 것은 필자의 기억력이 좋아서도 아니고 이 연극에 등장했던 배우의 연기가 뛰어나서도 아니다.

얼마 전 신문에 난 기사가 내게 이 실화를 상기시켜 준 것이다. 1980년 6월 17일자《동아일보》7면의 '안보(安保) 협조 빙자 금품(金品) 갈취'라는 기사가 바로 그 것이다. '《국가안보 공론》이란 잡지를 발행하면서 전국적인 조직망을 꾸며 안보업무를 내세워 모두 4천 8백만원을 갈취한' 전과자 출신의 범인들은 '국가안보 업무 수행에 적극 협조 바란다고 기재된 명함과 신분증을 가지고 다니며 국가안보를 다루는 공무원으로 행세'했는데 '피해자 가운데는 유력 인사들도 들어 있는 것으로 알려졌다'는 것이다.

이승만(李承晩) 대통령 시절에 가짜 이강석(李康石)이 나타나 귀하신 몸으로 대우를 받았던 사건은 애교라도 있어서 웃어넘겼다. 하지만, 이번 사건은 국가안보를 내세워 금품을 갈취했다는 사실로 보아 그야말로 안보적 차원에서 엄중히 다뤄야 할 것이다. 그러나 이것은 관계당국에서 처리할 일이고, 우리가 생각해봐야 할 일은 왜 이런 사건이 일어났으며 어떻게 그들의 범행이 16차례에 걸쳐 성공할 수 있었을까 하는 것이다.

국가안보는 오늘날 우리나라에서 그 무엇과도 바꿀 수 없는 중차대한 문제라는 것을 누구나 잘 알고 있다. 그렇기 때문에 학생들은 귀중한 시간을 내어 학교에서 군사훈련을 받고, 젊은

이들은 국토방위를 위해 피땀 흘리며, 제대한 뒤에도 머리가 희끗희끗해질 때까지 예비군 훈련과 민방위 훈련을 계속하는 것이다. 또 우리가 방위세를 어김없이 내고 있는 것도 안보를 위해서이다. 우리 국민 모두가 자기 삶의 적지 않은 부분을 안보를 위해 바치고 있는 것이다.

따라서 안보라는 것은 우리 국민 전체가 공동 운명체로서 담당하고 있는 일이지 결코 어느 특정한 기관이나 어느 선택된 사람들의 전유물이 아니다. 그런데도 실제로는 국가안보를 위한 의무와 노력을 안보와는 전혀 관계없는 당연한 생활관습으로 여기는 것이 보통인 것 같다. 마치 안보에 종사하는 사람들이 따로 있어서 그들만이 안보를 위해 봉사하는 것처럼 여겨지는 수가 많다. 그리고 직업에는 귀천이 없는 것인데도 대다수의 국민들은 그런 사람들 앞에서 위축되거나 겁을 내는 것 같다.

이번 사건은 이러한 심리적 배경 때문에 가능했다고 본다. 안보라는 것이 독일제국 군대의 장교 같은 위력을 발휘해서는 희극이 되고 만다. 국가안보를 위해 국민으로서 자기의 할 바를 다하고 또한 안보라는 말 앞에 누구나 떳떳할 수 있을 때 우리의 안보는 가장 굳건하게 다져지는 것이 아닐까. 아마도 이

것은 오늘날 우리가 수행해야 할 가장 중요한 의식의 개혁 가운데 하나일 것이다. (1980)

3부
빠른 시대의 느린 시

빠른 시대의 느린 시

청소 담당 8급 공무원이 청와대 비서실 과장을 사칭해서 벤처기업 사장으로부터 3억 원이 넘는 돈을 뜯어냈다고 한다. 40여 년 전에도 비슷한 일이 있었다. 이승만 정권 말기에 어떤 사기꾼이 대통령의 양자를 사칭하고 지방 관서를 찾아다니며 '귀하신 몸' 행세를 해서 극진한 대접을 받았었다. 내 기억이 맞는다면 이 사건과 관련하여 시사만화〈고바우〉가 청와대 똥치는 사람을 귀하신 몸으로 풍자하여 필화를 당하기도 했다. 1950년대 말이었으니 우리나라가 아직 전쟁의 상흔을 회복하지 못한 때였다. 그때에 비하면 지금은 우리의 의식주 환경이 엄청나게 발전했고 국민소득도 폭발적으로 증가했다. 그런데도 그때나 지금이나 똑같은 사건이 일어나는 것을 보면 우리의 정치, 경제, 사회 풍토가 별로 달라지지 않았음을 알 수 있다. 아니면 권력의 기본구조와 그 속성, 인간의 행태가 본질적으로 바뀔 수 없는 것인지도 모른다. 어떻게 보면, 속도만 빨라지고 있는 것 같기도 하다. '귀하신 몸' 사건은 자유당 독재 12년의 말기에 일어났는데, '청소 담당 공무원' 사건은 국민의 정부 출범 3년 만에 일어났으니 말이다.

모든 사물의 속도가 빨라진 것은 철도, 자동차, 비행기, 전신, 라디오, TV, 컴퓨터 등의 발전 보급과 함께 20세기 기술문명의 특징으로 기억될 것이다. 지구의 반대쪽과도 광속의 통신이 당연한 일상사가 되었고, 세계 어느 곳이라도 24시간이내에 왕래가 가능해졌다. 초국적 대자본이 빛의 속도로 전세계의 주식시장을 넘나들며 이윤을 노리고 있다. 문화예술의 정보교환 또한 인터넷을 통하여 국경은 물론 동서양의 벽을 허물어 버렸고, 사이버문학도 확산 일로에 있다. 현기증 나는 변화의 속도에 적응하려면 계속해서 컴퓨터를 업그레이드해야 하고, 쉴 새 없이 핸드폰을 걸면서 수시로 이메일을 체크해야 한다. 속도가 빨라진 만큼, 시간의 여유가 생겨야 할 텐데, 오히려 정신없이 쫓기게 된 것이 오늘의 생활상이다.

그렇다면 문학의 현실은 어떠한가. 타이프라이터가 보급되면서 1970년대부터 한글 타자기로 작품을 쓰는 추세가 시작되었고, 요즘은 대부분의 작가들이 컴퓨터를 사용한다. 산문의 경우 원고지에다 볼펜으로 쓸 때보다 속도가 빨라졌다. 어떤 중견 작가는 운전 중에도 떠오르는 착상이나 장면을 녹취했다가 나중에 글로 옮긴다고 한다. 종이에다 글을 쓴다는 개념이 모니터를 들여다보며 키보드를 두드려서 획일화된 활자체로 원고를 만드는 작업으로 바뀐 것이다. 어떤 젊은 작가는 컴퓨터를 켜고 커서가 깜빡이는 화면을 들여다보아야 구상이 떠오른다고 토로하기도 했다. 먹을 갈아서 붓으로 한지에 글을 쓰던 문사들이 연필과 잉크와 볼펜을 거쳐서 이제는 기계로 작품을 집필하는 단계에 이르기까지 20세기의 변화는 참으로 폭넓게 전개된 셈이다. 21세기에 접어들면서 우리들 대부분이 지나간 세기에 태어난 구세대로 지칭되겠지만, 20세기의 그 빠른 변혁 과정만은 그리 쉽게 폄하되지 않을 것이다.

그런데 시대 현실을 매우 예민하게 반영하면서도 가장 느린 속도로 만들어지는 문학 장르가 아직도 있다. 시다. 산문의 집필 속도는 옛날보다 현저하게 빨라졌지만, 시를 쓰는 속도가 빨라졌다는 말은 듣지 못했다. 컴퓨터를 사용한다 할지라도 산문을 찍는 속도로 시를 쓰는 시인은 없을 것이다. 시는 여전히 오랜 시간에 걸쳐 깊은 고민 끝에 느린 속도로 씌어지고 느리게 읽히는 문학 형식이다. 밝아오는 21세기에도 그럴 것이다. 어쩌면 무서운 속도에 염증이 난 많은 21세기인들이 천천히 되풀이하여 시를 읽고 제각기 깊은 생각에 잠길지도 모른다. 바로 그 느린 특성 때문에 시가 종교와 마찬가지로 품위 있게 살아남기를 바란다. (2000)

시 쓰는 친구

보험회사를 경영하는 친구가 '집들이'를 한다고 동기동창생들을 초대했다. 말이 '집들이'지 사실은 거대한 20층 빌딩을 회사 사옥으로 신축 준공한 기념 리셉션이었다. 대부분 사업을 하는 친구들이 백여 명 참석했는데, 스카이라운지가 운동장처럼 넓어서, 전혀 혼잡하지 않았다. 집주인은 '인사말'에서, 자기가 사업에 손을 댄 지 20년 만에 겨우 집 한 채를 장만했다고, 겸손하게 회고했다. 축하의 박수를 치고, 진토닉을 한 잔 들자니, 야릇한 느낌이었다.

이 '주인'이 수백 명의 직원을 거느리고 사업을 확장하면서 서울에서 손꼽힐 고층 빌딩을 신축 소유하는 데 걸린 20년 동안, 나는 얄팍한 시집 여섯 권을 출판했구나 하는 생각이 들었기 때문이었다. 물질적 성취와 정신적 소산을 같은 척도로 잴 수는 없다 해도, 그와 나 사이에는 무엇인가 커다란 차이가 있었다. 친구들은 이런 "차이"를 당연한 특성으로 간주하는 것 같았다. "어이, 김 시인, 당신을 가끔 신문이나 방송에서 만나지." "어느 잡지에서 네 얼굴을 보았다." "우리 딸이 자네의 시집을 읽더라." …… 이렇게 말하면서 그들은 나를 자기들과 다른 직종의 인간, 즉 '시 쓰는 친구'로 분류하는 것이었다.

그렇다면 나는 1975년부터 오늘까지, 그들이 사업을 하며 돈을 벌어온 스무 해 동안, 시를 써왔으니, 적어도 시를 쓰는 일에는 '이골이 나있어야' 할 것인데, 그렇지도 못한 형편 아닌가. 많은 사람들이 나에게서 기대하는 남다른 '차이'를 내가 구현하고 있지 못한 부끄러움을 변명할 여지가 전혀 없었다. 돌이켜 보면 지금까지 사백여 편의 시를 썼고, 이백여 편의 독일 시를 우리말로 옮겼다. 그럼에도 불구하고, 한 편의 시를 쓰려면, 지금도 나는 20년 전이나 마찬가지로 원고지 앞에서 아마추어 글쟁이의 위축과 불안을 떨쳐버릴 수가 없다. 꼭 처음이자 마지막으로 글을 쓰는 듯한 심정에 사로잡혀 안절부절하며 괴로운 시간을 보내게 되는 것이다. 그러므로 글을 쓸 일이 전혀 없을 때가 나는 가장 행복하다.

불행하게도 원고 청탁을 받아, 시를 쓰지 않으면 안 되게 되었을 경우, 나는 우선 쓰기 싫은 마음을 스스로 억누르고 달래는데 적잖은 노력을 해야만 한다. 그리고 어둠 속에서 만든 조각품이 환한 곳에서 어떻게 보일지 몰라서 걱정되는 그런 의구심에 휩싸여 시를 몇 줄 써보고, 두었다가 다시 고치고, 정 안 되면 찢어버리고 다시 쓰는 한심한 작업을 되풀이한다. 참으로 비능률적이고 비전문적인 제작 과정이라고 말하지 않을 수 없다. 비스듬히 소파에 몸을 눕히고 담배를 피우다가 게으르게 몇 줄 끄적거리면, 그것이 곧 시가 되는, 그런 천성의 시인들을 나는 한없이 부러워한다. 오늘따라 시가 저절로 잘 씌어진다든가, 안 쓰고는 도저히 견딜 수 없어서 시를 쓴다든가, 시를 통하여 세계를 구원할 사명감에 불탄다든가 하는 일이 나에게는 결코 일어나지 않는다. 이러다가는 아무래도 원고 마감 기일을 지키지 못할 것 같은 초조감에 쫓기며, 억지로 쓰고 또 고칠 뿐이다.

그래도 이 쓰기 싫은 글쓰기를 나는 20년 동안 계속해 왔고, 앞으로도 이 짓은 변함없을 것 같다. 어쩌면 바로 이 점이 '사업을 하는 친구들'과 시를 쓰는 나 사이의 가장 확실한 '차이'일지도 모른다. 그들은 결코 사기 싫은 부동산을 억지로 매입하거나, 벌기 싫은 돈을 억지로 벌지는 않을 테니까 말이다. 또한 시를 쓰는 작업이 생계에 도움이 되지도 않는다는 점을 생각하면, 현대시는 아마도 자본주의 사회에서 돈을 벌기 위해서 부르지 않는 마지막 노래일 것이다. 하지만 이 노래는 듣기에 아름답지도 않고, 들어줄 사람도 별로 없다. 그런데도 자꾸만 노래를 부르겠다니, 그들이 보기에 '시 쓰는 친구'란 얼마나 이상할 것인가. (1995)

'나의 데뷔작'에 얽힌 사연과 그 뒷이야기

        교보빌딩과 이순신 장군 동상 사이로 넓게 뚫린 길 세종로를 경복궁 쪽으로 달리다 보면 대개 광화문 앞에서 차를 멈추게 된다. 적선동 방향 좌회전을 기다리는 운전자의 눈앞에 정면으로 우람하게 솟아오른 돌산이 보인다. 인왕산이다. 이 지점에 올 때마다 나는 인왕산에 정신이 팔려 화살표 신호가 나타난 것을 보지 못한다. 뒷차가 경적을 울릴 때야 깜짝 놀라 가속 페달을 밟는다. 간혹 교통 정체로 인하여 도로 한가운데 오랫동안 정차하는 경우 으레 짜증이 나게 마련이지만, 이곳에서는 그렇지 않다. 어쩌다 청와대 손님의 행차 때문에 이 지점에 서 있게 되면, 나는 오히려 행복해지기도 한다. 인왕산의 앞모습을 이렇게 정면에서 볼 수 있는 곳은 여기뿐이기 때문이다.

하기는 이곳 말고도 또 있다. 동십자각에서 삼청동 길로 접어드는 삼거리의 경복궁 출입문으로 들어가 옛날의 국립박물관 쪽으로 근정전 앞뜰을 가로질러 걸어가면, 인왕산의 장엄한 모습에 압도당한다. 특히 해질 녘의 스카이라인이 일품이다.

또 하나의 비밀을 말해도 될까. 삼청동 길가의 건물들 위층에 있는 카페나 층계참 창문으로 바라보아도 인왕산·북악산·경복궁의 일부가 그림처럼 아름답다. 서울의 사대문 안에서 아마 가장 전망 좋은 장소들일 것이다. 바로 이러한 곳에서 지난봄에 두 차례 시를 사랑하는 모임에 초대받았는데, 나는 옛날에 쓴 시 「인왕산」을 인용하면서 이야기를 시작했다.

> 한때 그 가슴에 호랑이를 기르고/ 한양 도읍 오백 년 산자락에 펼치고/ 서울의 슬픔과 기쁨/ 소꿉장난처럼 내려다보던/ 장엄한 인왕산/ 아득한 할아버지의 고향/ 어린 날 올라가고 싶었던/ 헌칠한 미끄럼 바위(…)

실제로 나는 인왕산 아래서 태어나 통인동의 한 오래된 기와집에서 유년 시절을 보냈다. 대청마루 뒷문을 가득 채운 인왕산을 나는 10년 동안 바라보며 자랐다. 매우 병약했으므로, 산에 올라가지 못하고 바라보기만 했다. 안개가 짙게 끼어 산이 보이지 않을 때는 공연히 마음이 불안해지기도 했다. 6·25 때는 미군 무스탕 전투기가 인왕산 중턱까지 저공비행을 하며 인민군의 대공 진지를 폭격했다. 인민군의 폭사 장면도 더러 보았고, 마침내 우리 집마저 함포 사격으로 대청이 폭삭 주저앉았다. 유년시절에 인왕산은 내 동경의 대상이었고, 소년 시절에는 전쟁의 현장이었다. 청소년기에 접어들며 산에 자주 올라갔다. 사계절을 가리지 않고, 아침마다 올라가서 계곡의 찬물에 목욕을 하기도 했다. 이 산을 떠난 지 어느새 40여 년이 지났지만, 산을 좋아하는 마음은 변하지 않았다.

내 어렸을 적 고향에는 신비로운 산이 하나 있었다.
아무도 올라가 본 적이 없는 靈山이었다.

靈山은 낮에 보이지 않았다. 산허리까지 잠긴 짙은 안개와 그 위를 덮은 구름으로 하여 靈山은 어렴풋이 그 있는 곳만을 짐작

할 수 있을 뿐이었다.

靈山은 밤에도 잘 보이지 않았다.
구름 없이 맑은 밤하늘 달빛 속에 또는 별빛 속에 거무스레 그 모습을 나타내는 수도 있지만 그 모양이 어떠하며 높이가 얼마나 되는지는 알 수 없었다.

내 마음을 떠나지 않는 靈山이 불현듯 보고 싶어 고속버스를 타고 고향에 내려갔더니 이상하게도 靈山은 온 데 간 데 없어지고 이미 낯선 마을 사람들에게 물어보니 그런 산은 이곳에 없다고 한다.

1975년 문학 계간지 《문학과 지성》 여름호에 발표한 나의 데뷔작 4편 가운데 하나가 산을 소재로 쓴 위의 시 「영산靈山」이었다. 이 작품에서 나는 당시의 시류와 달리 난삽한 메타포의 빈번한 사용이나 구문의 자의적 파괴를 되도록 피하고, 지금 이곳의 현실을 진솔한 언어로 그려 보고자 시도했다. 물론 이러한 시도는 성공하기 힘들다. 운 좋게 독자의 공감을 얻어 수용된다 해도, 그 작품에 대한 모범답안 같은 해석은 불가능하다. 「영산」의 경우, 이 산은 있기도 하고, 없기도 하고, 또는 있다가 없다가 하기도 한다. 무미건조할 만큼 의도적인 산문으로 서술된 「영산」이 지극히 애매모호한 형상을 보여 주는데도, 동양이나 서양의 독자가 똑같이 이 시에 주목하는 까닭은 바로 이 쉬운 시의 다의성 때문일 것이다. 꿈과 삶, 이상과 현실, 자아와 세계, 신비와 범속, 자연과 인공, 문학과 사회…… 그 어느 것을 여기에 대입해도 성립되는 보편적 존재의 원형을 형상화했다고 할까. 이 세상 어디서나 볼 수 있고, 누구나 마음속에 간직하고 있는, 그러면서도 정작 육안으로 볼 수 없고, 등산화를 신고 올라 갈 수 없는 이 산의 유무(有無)는 나의 시학(詩學)을 은유적으로 표현한 것이기도 하다. 이후에도 「영산」은 나의 시집 여러 곳에서 '크낙산'으로 변용되어 나타난다.

흔히 창작을 허구의 산물이라고 말한다. 시의 경우도 텍스트 전체가 서정적 자아의 직접적인 고백만으로 이루어지는 것은 아니다. 여기서도 픽션이 가능하다. 그러나 허구는 그냥 무엇을 생판 꾸며대는 것이 아니라, 삶과 현실의 체험을 바탕으로 한다. '크낙산'이 어디 있느냐고 묻는 독자에게 물론 「인왕산」을 가리킬 수는 없다. 하지만 인왕산을 바라보면, 돌아가신 부모님의 모습이 떠오르고, 돌아갈 수 없는 유년 시절이 생각나고, 그 산이 변함없이 그곳에 있다는 사실만으로도 조용한 감동을 느끼게 된다.   (2004)

낮은 목소리로 중얼거리기

　　　　　세상에 태어날 때부터 우리는 숫자와 결부된다. 첫울음을 터뜨리는 순간, 생년월일이 결정되고, 뒤따라 주민등록 번호가 부여된다. 주소의 번지와 우편번호, 아파트 동수와 호수, 학교에 가면 학번, 군대에 가면 군번, 외국에 나가면 여권 번호, 전화 번호와 핸드폰 번호, 은행계좌 번호와 신용카드 번호, 각종 비밀 번호와 자동차 등록 번호, 전산 입력 번호와 납세자 번호 등. 이 헤아릴 수 없이 많은 번호들보다 더 중요한 것은 돈과 시간을 나타내는 숫자이다. 수많은 사람들이 연봉 얼마라는 액수에 얽매어 노예처럼 하루 종일 컴퓨터 키보드를 두드리고 있다. 흘러가면 다시 못 올 시간을 이처럼 숫자놀이로 소진하는 인생을 부러워하는 사람은 또 얼마나 많은가. 인간의 아이덴티티와 화폐와 시간이 모두 숫자로 표시되는 시대에 살고 있으므로, 숫자의 교육이 문자의 습득보다 앞서야 한다고 흔히 믿는다. 그러나 내 자신은 목적으로서의 자본축적을 이해할 수 없고, 시간을 돈과 함께 계량적으로만 파악하는 경영 마인드에 동의할 수 없다. 숫자의 정확성보다 문자의 상징성에 이끌리는 것은 문학인의 숙명적 체질인 것 같다.

그러나 문자를 도구로 삼아 생계를 유지하기는 힘들다. 소설을 써서 전업 작가로 입신한 경우는 더러 있지만, 시를 써서 전업 시인으로 살아가는 경우는 아주 드물다. 이백(李白)이나 두보(杜甫) 같은 동양의 고전 시성으로부터, 서양의 현대 시인 T. S. 엘리엇이나 파블로 네루다에 이르기까지 동서고금의 시인들이 대개 시업 이외의 생업에 종사했다. 나도 예외가 될 수 없어 생업을 찾기 위해서 많은 방황을 했다. 만 36개월의 군복무를 끝낸 후 곧장 생업의 현장으로 뛰어들어, 한때는 외환 금융 업무에 종사하기도 했다. 당시의 경제 상황으로 보아 대우가 좋고 선망 받는 직장이었다. 그러나 모든 업무가 숫자와 돈으로 귀결되는 일을 나는 도저히 견뎌낼 수 없었다. 주위의 반대를 무릅쓰고 교직으로 직장을 옮겨, 대학원 과정을 끝낸 뒤 장학금을 얻어서 독일 유학의 길에 올랐다. 이후 삼십여 년을 독문학도로 생활하며 시를 써왔다. 생업과 시업이 똑같이 문학의 영역에 머무르게 된 것은 남들이 보기에 부러울지는 몰라도, 나로서는 삶의 진폭이 좁아진 느낌도 든다. 하지만 문자보다 숫자가 중요한 분야를 감내하지 못한 체질로 보건대, 이것은 스스로의 선택이며 나 자신의 숙명이기도 하다. 어차피 인생은 단선의 궤적을 그리는 수밖에 없기 때문이다.

1975년 여름 계간지 《문학과 지성》에 네 편의 시를 발표한 것이 나에게는 창작의 공식적 출발점이었다. 이른바 데뷔 작품 가운데 「시론(詩論)」이라는 시도 있었다. 자기의 시론을 시로서 표현한 시인이 나만은 아니었지만, 첫 번째 발표작으로 「시론」을 쓴 예는 드물 것이다. 어쩌면 당돌하고 건방진 수작으로 보였을 것이다. 하지만, 그때의 내 나이가 삼십대 중반이었고, 내 또래 문인들이 문단의 중견으로 발돋움하던 시점이었음을 감안하면, 늦깎이다운 등단 선언이었다. 이 시는 나의 첫 시집 『우리를 적시는 마지막 꿈』에 첫 번째 작품으로 수록되었다. 동시대의 언어가 권력과 자본에 의하여 조작되고 왜곡되고 훼

손되는 현실 속에서 '헛된 절망을 되풀이'한 이 시는 첫 시집을 여는 서시로서는 부적절할지도 모른다. 그러나 두 번째 시 「영산(靈山)」과 함께 언어와 문학에 대한 나의 시학을 솔직하게 토로한 것이다. '언어와 더불어 사는 사람은/ 두려워하지 않고 슬퍼하지 않고// 다만 말하여질 수 없는/ 소리'를 하나의 형상으로 포착해 보고자 시도한다. 끝내 성공할 수 없는 이 시도를 나는 지금까지 되풀이하고 있는 셈이다.

시는 오늘날 멋진 아리아가 될 수 없다. 오페라에 비유한다면, 테너나 소프라노의 열창으로 관객을 감동시키는 아리아가 한때 시인을 의미하던 가객의 몫으로부터 이제는 다른 매체의 인기 직종으로 옮겨갔다. 시인이 아직도 무엇인가 읊조린다면, 그것은 레치타티보에 불과하다. 하지만 노래와 연기를 연결시키며 오페라를 끌고 가는 레치타티보의 역할을 무시해서는 안 된다. 판소리에서 아니리를 빼놓을 수 없는 것이나 마찬가지다. 창으로만 판소리가 될 수 없고, 아리아만 가지고 오페라를 꾸밀 수 없음을 인식하는 것은, 시를 아니리나 레치타티보에 비유하는 것과는 물론 다르다. 다만 오늘날의 삶에서 시가 차지하는 위상을 나는 그렇게 본다. 이 보잘 것 없는 처지에서 시가 예술로서의 필연적 존재 이유를 발견하고, 스스로의 품위를 지켜나가야 한다고 나는 믿는다. 나의 다섯 번째 시집 제목 『아니리』는 여기에서 유래한다.

  시의 현실적 입지가 약화되는 현상은 지난 십여 년 동안 더욱 가속화되었다. 아니리나 레치타티보는 적어도 커뮤니케이션의 기능을 지니고 있었다. 요즘 말을 빌리자면 컨텐츠를 전달 내지는 매개하는 역할을 했었다. 그러나 전자매체의 영향력이 급속히 확산되면서 가상 현실이 현실의 영역을 확대시키고 삽시간에 상상의 시공을 축소시키는 결과를 가져왔다. 이른바 시적 상상력의 자장이 축소된 반면에, 확대된 현실의 온갖 폭력이 언어를 유린하고 있다. 아직도 수많은 시집이 출판되고, 시 전문지도 심심찮게 창간되지만, 시의 독자는 날로 줄어들고, 일부 문인들만이 자기들끼리 모여서 시를 논의하기에 이르렀다. 은밀한 속삭임도 못 되고, 일방적인 중얼거림으로 바뀌었다. 시인은 이제 혼자서 중얼거리는 이상한 사람으로 되어버린 것이다. '중얼거리다'는 상대방을 전제로 하지 않고, 메시지의 전달을 원하지도 않는, 글자 그대로 절대적 고백에 접근하는 언술 행위다. 그럼에도 불구하고 커뮤니케이션의 종언을 개의치 않는 중얼거림이 도처에서 계속되고 있지 않은가.

차렷!/ 한마디로 연대 병력을 움직이고/ 목숨을 바쳐 싸우겠습니다 여러분!/ 목쉰 부르짖음으로 군중을 열광시키고/ 사랑해 당신을/ 달콤한 속삭임으로 흔들리는 마음을 사로잡고/ 짜장면 하나에 짬뽕 둘!/ 경제 성장률 하향 조정!/ 임금 총액 동결!/ 예수를 믿지 않으면 지옥에 갑니다!/ 자반고등어나 먹갈치 사려!/ 저마다 목청 높여 부르짖는데/ 중얼중얼/ 혼자서 지껄이는 말/ 누가 들으려 하겠는가/ 어디를 가나 그래도 바람결에 실려/ 끊임없이 중얼거리는 소리/ 들리지 않는 곳 없고/ 한 평생 중얼거리는 사람 또한/ 없지 않으니/ 알 수 없는 일이다/ 중얼중얼 중얼

나의 일곱 번째 시집 『가진 것 하나도 없지만』에 실린 위의 시는 「시론」에서 시작된 나의 시학이 사반세기 동안 천천히 그려온 궤적의 종점 부근이다. 언어에 대한 부정적 절망에서 출발하여, 오백여 편의 시를 쓰는 동안, 아니리를 거쳐서, 겨우 중얼거림에 도달했다니, 이것은 발전인가 퇴보인가 아니면 제자리걸음인가. 정치적 경제적 사회적 문화적으로 격동과 변화의 한 세대를 살아오면서 너무나 달라진 것이 없다고 한탄할 수도 있을 것이다. 가끔 '당신은 중얼거리는 방식이 틀렸다'고 욕을 먹기도 했고, 때로는 '참 잘 중얼거렸다'고 상을 받기도

했다. 그리고 지금은 '나는 왜 중얼거리는가'에 관하여 이렇게 글을 쓰기도 한다. 흥미로운 것은, 이 중얼거리는 소리가 어디서나 들려오고 나처럼 '한평생 중얼거리는 사람 또한' 없지 않다는 사실이다. 심지어는 '중얼중얼/ 혼자서 지껄이는 말'을 찾아와 들으려는 사람들도 있다. 시낭송회를 개최한다든가, 한국 작가들이 외국에서 열리는 작품 낭독회에 초대받는다든가, 시낭송을 담은 카세트 테이프나 CD가 판매된다든가 하는 것들이 그 예라고 할 수 있다.

일사 분란한 논리와 정확한 통계 숫자와 온갖 미사여구를 총동원하여 사자후를 토하는 광경을 우리는 정치 집회에서 자주 보게 된다. 대통령 선거나 국회의원 선거나 지방 선거 때가 되면 온 나라가 확성기의 소음으로 가득 차고, 일당 얼마씩에 동원된 박수부대의 연호로 유세장이 들썩거린다. 그러나 밀물처럼 몰려온 이러한 함성의 분출이 썰물처럼 빠져나가면, 일상을 되찾은 우리의 주변에서 풀벌레의 노래가 다시 들려오고, 어디선가 낮은 목소리로 여전히 중얼거린다. 소음과 연호가 우리의 귀를 가득 채웠을 때도 이 소리는 그치지 않았다. 다만 들리지 않았을 뿐이다. 큰 소리로 똑똑히 말하지 않고 낮은 목소리로 중얼거리는 것도 인간이 오랜 역사를 두고 간직해온 특유의 언술 방식이다. 한번 이 낮은 목소리에 귀 기울여 보면, 이 세상의 온갖 소란한 외침이 얼마나 부질없는 짓이며, 한 시간에 걸친 시정 연설이나, 숫자로 가득한 삼백 페이지의 경제백서가 얼마나 허망한지 알게 될 것이다. (2005)

책을 '듣는' 책벌레

 틈만 나면 무엇인가 자꾸 읽으려는 나쁜 버릇 때문에 나에게는 '책벌레'라는 별명이 쫓아다닌다. 신문, 잡지, 책, 컴퓨터, 비디오…… 눈으로 읽거나 보아야 할 것들이 우리 주변에 너무나 많다. 하루 종일 집에서 있을 때는 가족들에게 '읽기'를 제지당하기도 한다. 제발 눈을 좀 쉬라는 것이다.

 눈을 쉬는 가장 좋은 방법은 눈을 감는 것인데, 이것은 잠 또는 죽음과 동의어가 아닌가. 눈을 뜨고 있는 한, 무엇인가 읽으려는 경우, '읽는다'는 것은 곧 '산다'는 말이나 마찬가지다. 돌이켜 보면, 내가 지금까지 살아오는 과정은 책읽기의 연속이나 다름없다. 어렸을 때는 남의 책을 많이 읽으며 자랐고, 훈장노릇을 하려니 책읽기를 학생들에게 가르쳤고, 이제는 남이 읽을 글을 쓰고 책을 펴내게 되었으니 말이다. 책벌레는 바로 나의 직업과 일치하는 셈이다.

내가 아직 어린 책벌레였을 때, 그러니까 1950년대 초에는 우리나라에 책이 별로 많지 않았다. 학교에서도 누런 재생지에 등사한 교재를 썼고, 읽을거리도 별로 없었다. 그때 어떤 경로를 거쳐서 들어왔는지 몰라도, 이광수의 『마의태자』와 김남천의 『대하』가 집안에 굴러다녔다. 전자는 하드커버, 후자는 재생지로 만든 책이었다. 이 두 권의 소설이 내가 읽은 최초의 한국 문학작품이다. 열 살이 갓 넘은 소년이 읽기에 별로 재미있는 책들은 아니었다. 뒤이어 동네 대본점에서 『삼국지』와 『수호지』, 『임꺽정』 등을 빌려다 읽었다. 그때는 전력 수급 사정이 나빠서 밤에는 정전이 잦았고, 그럴 때면 촛불이나 석유 램프, 또는 등잔불을 밝히고 책을 읽었다. 불빛에 그림자가 어른거리고 창 밖으로 메밀묵 장사가 도부 치는 겨울밤에 뜨뜻한 아랫목에 엎드려 장편소설을 읽는 재미는 라디오도 드물었던 시절의 큰 즐거움이었다. 볼 것도 갈 곳도 없던 주말에는 책을 읽는 것이 유일한 소일거리였다.

1950년대 말, 나의 고교 시절부터 외국문학 작품이 번역 출간되기 시작했다. 국내 문학잡지나 외국 번역소설이나 닥치는 대로 읽어 치웠다. 남독의 와중에 프란츠 카프카를 만나게 되었다. 당시 유행하던 실존주의의 기류를 타고 카프카의 중편소설 『변신』이 번역 출간되었던 것이다. 이 작품은 나의 독서 편력에서 큰 전환점으로 작용했다. 그때까지 읽어온 많은 리얼리즘 소설의 문법을 벗어난 작품이었기 때문이다. 그것은 멋진 주인공도 등장하지 않고 흥미로운 스토리도 없고 억지로 읽어봐도 전혀 이해가 되지 않는 그런 소설이었다. 서양의 20세기 문학과 이렇게 마주침으로써 나도 모더니즘의 세례를 받게 된 셈이었다. 20대에 접어들면서 외국문학도로서 원서를 읽는 작업도 시작했다. 작품의 번역과 해독을 위하여 끝없이 사전의 작은 활자와 싸우다보니 시력이 점점 나빠져서 나는 마침내 안경을 쓴 책벌레로 변신하게 되었다.

요즘은 안경을 쓴 채로 또 안경을 찾는 신세가 되었다. 독서용 안경에다 확대경을 갖다대야 잘디잔 사전글씨가 보이기 때문이다. 그래도 책읽기는 예나 이제나 나의 직업이다. 독일문학 교재 준비로 읽는 책들은 용어사전으로부터 텍스트와 작품

분석, 연구서에 이르기까지 고전과 신간을 망라하고 있다. 한국의 시인으로서 읽는 우리말 서적들은 시집과 시 전문지들이 많고, 문화예술이나 사회역사와 관련된 교양도서도 틈틈이 읽는다. 그러니까 나의 독서 형태는 어떤 책 한 권을 통독하기 보다는 필요하거나 관심 있는 부분을 골라서 읽는 식이다. 독문학자, 시인, 지식인으로서의 독서 대상이 각각 다르기 때문에 그렇다.

최근에는 안경을 쓰고 읽지 않아도 되는 책들이 외국 서적 시장을 상당히 빠른 속도로 점유해 가고 있다. 이른 바 '듣는 책'의 출현이다. 카세트나 CD로 출판되는 이 책들은 자동차 운전을 하면서도 들을 수 있으므로 속도에 쫓기며 살아가는 현대인에게 새로운 독서의 가능성을 제공한다. 중견작가들의 경우, 예컨대 소설이 단행본으로 출판되면서 동시에 CD로 나오는 정도다. 등잔불 아래서 책 읽던 때를 생각하면, 이제 승용차를 타고 달려가면서 '책을 듣게' 된 것이 늙은 책벌레를 위한 하나의 혁명이라 아니할 수 없다. (2001)

영국식 예우

꼭 10년 전이다. 1992년 7월 하순에 런던의 패딩튼 지역에서 며칠 지냈다. 배운 지 오래된 영어로 더듬더듬 의사소통을 하려니 여간 힘들지 않았다. 게다가 독일어로 오랫동안 밥을 먹고 산 덕택에, 내 딴엔 영어로 시작한 이야기가 중간에서 슬그머니 독어로 둔갑을 해서, 상대방을 불가해의 상태로 몰아넣고, 자신을 곤혹스럽게 만들었다. 그래도 영어를 하지 않고 살수는 없었다. 우리나라에서는 하루 종일 말을 한 마디도 안하고 살 수 있지만, 정작 외국에서는 그럴 수 없다. 낯선 곳일수록, 물어보아야 할 일이 많기 때문이다.

마침 옆에 아무도 없는 기회를 틈타서 전화번호를 돌렸다. 포리스트 북스 출판사를 알리는 여자의 목소리가 나왔다. 전화번호가 맞은 것만 해도 내게는 절반의 성공이었다. 나는 혼신의 힘을 기울여 내가 누구인가를 알리려고 버벅거렸다. 그래봤자 그 여러 마디를 요약하자면, 나는 한국에서 온 시인 김 아무개라는 한 마디였을 것이다. 도대체 내가 한 말을 이해하겠느냐고 잇달아 물으려는 참에 상대방은 나를 알아보았다는 신호를 보내왔다. 신호라는 말을 쓰는 까닭은, 그녀의 영어를 제대로 알아듣지는 못했어도, 반갑다는 음성을 직감했기 때문이다. 이러한 경로를 거쳐서 그날 저녁 때 그녀가 나의 호텔로 찾아오게 되었다. 그녀는 나의 첫 번째 영역 시집을 내준 출판사의 브렌다 워커 사장이었다.

『희미한 옛사랑의 그림자 Faint Shadows of Love』는 나의 초기 시집 세 권, 그러니까 1970년대 후반에서 1980년대 전반까지 십여 년간 발표된 『우리를 적시는 마지막 꿈』, 『아니다 그렇지 않다』, 『크낙산의 마음』에서 뽑은 80편의 시를 브라더 앤터니 교수(서강대 영문과)가 영어로 옮기고, 고 김영무 교수(서울대 영문과)가 서문을 붙인 시선집이다. 1991년 런던에서 포리스트 북스 세계시인선의 한 권으로 나온 후, 이 시집은 역자에게 번역 문학상을 안겨주었고, 역재된 작품의 일부는 미국에서 출판된 세계시인사화집 『이 똑같은 하늘 This Same Sky』과 미주 영어권의 보조 교재에 재수록되기도 했다. 앤터니 교수는 그 동안 한국인으로 귀화하여 안선재로 개명했고, 김영무 교수는 지난해에 안타깝게도 세상을 떠났다. 우리 문학의 해외진출 내지는 세계화에 기여하려면, 원작과 번역과 출판, 유통과 수용이 골고루 제 기능을 다해야 그 총화로서의 성과가 나타나게 마련이다. 이 시집은 비록 그 속도가 완만하다 해도, 유통과 수용의 단계까지 도달한 하나의 예라고 생각된다.

서평이나 재수록, 작품 낭독회와 청중의 호응, 서점이나 출판사의 판매 동향 등을 바탕으로 작품의 개별적 수용을 살펴보면, 언어권에 따라 편차가 드러난다. 이 시선에 실린 작품들 가운데 우리나라에서 비교적 자주 거명되는 시로「영산」,「도다리를 먹으며」,「희미한 옛사랑의 그림자」등을 꼽을 수 있는 반면, 영미 권에서는「어느 돌의 태어남」, 독일어권에서는「안개의 나라」, 스페인어 권에서는「작은 시내들」이 큰 반향을 일으켰다. 아마도 해당 민족이 공유하는 체험과 정서, 그리고 언어의 특성과 사유 방식이 다르기 때문일 것이다. 나 자신이 외국어 문학도임에도 불구하고, 외국어로 번역된 내 시를 읽어보면 낯선 느낌이 든다. 묵독을 해도 음독을 해도 마찬가지다. 내 시를 스스로 번역해 보려고 엄두를 내본 적도 없다. 그래서 영역 시집이 나왔을 때 기뻤고, 영국에 가면 시집을 내준 출판사에 한번 들러보리라 마음먹었던 것이다. 주소가 칭포드로 나와 있어서, 어떻게 찾아갈까 걱정까지 했었는데, 사장이 손수 찾아오겠다니, 반가운 일이 아닐 수 없었다.

브렌다 워커 여사는 첫눈에 재색을 겸비한 인물로 보였다. 영어로 시작해서 독어로 바뀌는 나의 용두사미식 브로큰 잉글리쉬를 즉각 알아듣는 것으로 보건대, 재능이 뛰어난 것은 틀림없었다. 너무나 젊어서 나의 막내 동생 정도로 보았는데, 이

영역 시집 출판사 사장 브렌다 워커 여사와 필자 내외(1992년 런던)

미 장성한 자녀를 둔 것으로 보아 나와 동년배인 것 같았다. 자기 출판사의 저자가 멀리 지구의 반대편에서부터 찾아 왔다고 기뻐하며, 워커 여사는 우리 내외를 이태리 식당으로 데리고 가서, 저녁식사를 대접했다. 그때 마신 키안티 포도주가 얼마나 맛있던지! 런던 로얄 발레단의 수석 무용수인 아들이 우리나라에 공연하러 왔을 때, 그녀도 잠깐 서울에 들렀다. 채식을 원해서, 소박한 절 음식을 대접하고 만 것이 아쉽다. 십년 전에 런던에서 찍은 이 사진은 그녀와 나, 두 사람만이 한 장씩 가지고 있다. (2002)

남처럼, 나답게

잔뜩 흐린 겨울날이나 눈 오는 밤에 뜨끈뜨끈하게 군불을 땐 시골 방안에서 소설이나 시를 읽던 어린 시절을 돌이켜 보면 그때는 정말 행복했다는 생각이 든다. 그런 여유를 갖고 문학 작품을 읽는 즐거움을 잊은 지도 꽤 오래되었다. 요즘은 가끔 당선작을 가려내기 위하여 많은 응모 작품을 읽게 되는 수가 있는데, 이것은 결코 즐거운 작업이 못 된다. 특히 시를 뽑는 일이 그렇다.

내면성과 주관성이 강한 장르이기 때문에 정신을 바짝 차리고 한 편 한 편 정독해야만 진짜 잘 쓴 작품을 몇 편 골라낼 수 있다. 그러나 선발한 결과를 놓고 보면 시에 대한 선자의 눈이 대개 비슷한 객관성을 띠고 있음을 알게 된다. 얼마 전에 어느 대학교에서 공모한 전국 대학생 문예작품 시 부문을 심사했다.

두 명의 심사위원이 각각 십여 편의 후보작을 고른 다음 합평회를 가졌는데, 두 사람이 고른 작품이 모두 똑같아서 놀랐다. 서로 한 번도 만나 본적이 없고, 작품 성향도 전혀 다른 두 사람의 시인이 이처럼 똑같은 후보작을 골랐다는 사실은 시의 심사에도 보통사람들이 생각하는 바와는 달리 엄격한 객관적 척도가 작용되고 있음을 실감케 한다. 비단 이번뿐만 아니라 전에도 여러 번 비슷한 경험을 한 바 있다.

그러면 이 척도란 도대체 무엇인가. 이것을 차라리 항목별로 미리 정해 놓은 것이 응모자들에게도 도움이 되고 선자들에게도 편리하지 않을까. 하지만 이 척도가 관연 항목별로 열거할 수 있는 것이며, 공장 생산품처럼 체크리스트에 의하여 합격품과 불량품을 가려낼 수 있는 것일까. 그렇지는 않다. 그러나 누가 선자가 되든지 다음과 같은 척도는 틀림없이 작용할 것이다.

즉, 필자가 대상을 자기의 눈으로 보고 자기의 머리로 생각하고 자기의 목소리로 표현했는가 하는 것이다. 바꾸어 말하면, 남이 보고 생각하고 표현한 것을 그대로 되풀이하거나 흉내 내는 것은 무의미하다는 뜻이다. 간단한 이야기이다. 누가 그것을 모르겠는가. 그러나 이것을 실천하기는 쉽지 않다.

왜냐하면 우리가 이 세상에 태어나서 지금까지 살아온 과정을 살펴보면 그것은 한마디로 '남처럼' 되기 위한 노력의 연속이었기 때문이다. 나는 이 세상에 오직 하나뿐이며 한번 살고 죽는 것이므로, 되도록 '나답게' 살아가야 할 터인데, 실제로는 그와 반대로 남처럼 되도록 교육받고, 남처럼 되려고 경쟁하고, 남처럼 살다가 죽으려고 안간힘을 쓰는 것이 우리의 삶으로 되어 버렸다. 그 대표적인 예로 모든 분야에서 일어나는 유행이란 현상을 들 수 있을 것이다.

얼핏 보면 문예 작품도 예외는 아닌 것 같다. 한 시대의 문예 작품은 그 시대의 공통된 특징을 반영하게 마련이고 이 결과가 집적되어 문학사나 문예사조사가 생겨나는 것이기 때문이다. 그러나 문학사를 형성하는 작품은 모두 자기 나름의 창조적 개성을 지니고 있음을 간과해서는 안 된다.

제각기 다른 문예작품들이 많이 모여서 한 시대의 큰 흐름을 형성하는 것이다. 수많은 작품들 속에 묻혀 버리지 않고 자기를 보여 줄 수 있어야 비로소 전체를 대표하는 일부가 된다. 바로 이 평범한 사실이 문예작품 선발의 가장 큰 척도가 될 것이다.

 예컨대 시를 쓰는데 수사학은 물론 필요하다. 그러나 수사학만으로 시가 되지는 않는다. 예선에 올랐다가 결선에서 떨어지는 많은 응모 작품들이 대개 수사학에만 너무 골몰하고 있다. 더구나 그것이 스스로 갈고 닦아서 만들어낸 것도 아닌 남의 수사학일 경우 대번에 그 모방성 내지는 표절성이 눈에 띈다. 남의 수사학이 나에게까지 알려졌을 때는 이미 그것이 상당히 낡아버린 다음이라는 것을 잊지 말아야겠다. 또한 아무리 화려한 수사학을 동원해도 거기에 담긴 것이 없으면 그것은 수사학 예문에 불과하지 문학 작품이 될 수는 없다. 그런데 오히려 문학 지망생일수록 수사학에 탐닉하는 경향을 강하게 보여주어 안타깝다.

 문학 작품이란 그 독창성을 생명으로 한다. 나답게 쓰려고 해도 쓰다 보면 남처럼 되기 쉬운 법인데, 처음부터 남처럼 쓰려고 하면 끝내 나답게 되지 못하고 마침내는 나의 것이 사라져 버려 아무것도 남지 않는다. 글이란 결국 무엇인가 남기기 위하여 쓰는 것 아닐까. (1986)

시와 그림의 크로스오버

　　　　　　이 한 장의 사진이 이렇게 흐릿하게 보이는 까닭은 오랜 세월이 흘렀기 때문이 아니라, 사진기가 시원찮았기 때문이다. 출국하는 길에 공항에서 가장 값싸고, 찍기 쉬운 국산 카메라를 골랐는데, 이 조그만 물건이 내 손을 떠날 때까지 나에게 많은 추억을 남겨 주었다. 사진의 예술성을 모르지 않지만, 내 자신은 언제나 최소한도의 기록성을 위하여 사진을 찍는다.

　이 사진은 나에게 단순한 기념촬영 이상의 의미를 가지고 있다. 한국의 시인과 독일의 화가가 만나서, 후자가 그린 그림

한스-크리스치안 옌센(독일 화가)의 밑그림 바탕에 시 「밤눈」을 쓰고(2002년 쮜리히)

위에 전자가 한국어와 독일어로 시를 써넣은 것이다. 국적이 다르고, 언어가 다르고, 예술의 장르가 다른 동서양의 시인과 화가가 예기치 못한 인연을 맺게 된 사연은 다음과 같다.

슈투트가르트 근교의 소도시에서 거행된 어떤 시상식에 초대받은 적이 있었다. 식이 끝나고 베풀어진 소연에서 축하객들과 어울려 포도주를 마시다가, 한스-크리스치안 옌센(Hans-Christian Jenssen)이라는 독일의 화가와 마주치게 되었다. 북부 독일 태생으로 함부르크, 쾰른, 뉴욕에서 공부했고, 1970년부터 쮜리히에서 활동하고 있단다. 특히 미술과 문학의 만남에 관심이 많다고 해서, 나의 독역 시집을 알려 주고 헤어졌다. 이러한 만남은 흔히 처음이자 마지막이 되는 경우가 많고, 나중에 명함만 남게 마련이다. 그런데 오랜 망각의 저쪽으로부터 어느 날 편지가 날아 왔다. 나의 시 「봄노래」가 마음에 들어서, 그림을 한 폭 그렸는데, 언제 한번 자기의 아틀리에로 와서 텍스트를 그 위에 써달라는 것이었다. 한국 문학과 독일 미술의 크로스오버는 그로부터 반 년 후, 쮜리히의 넵툰슈트라세 29번지에 자리 잡은 옌센의 화실에서 실현되었다. 결코 화사하지 못한 우울한 「봄노래」의 정서를 구현한 그의 추상화폭 위에 나는 한글과 독일어로 시를 썼다. 우리말을 전혀 이해하지 못하지만, 그는 낯선 한글 필체를 대단히 아름답다고 말했다. 서양 언어권의 유명 작가들은 물론, 중근동과 일본의 작품까지 그의 시화(詩畵) 시리즈에 이미 들어 있었다. 이 시리즈는 전시회에 내놓아도 팔지는 않고, 자기의 귀중한 소장품으로 남길 것이라고 했다.

  옌센은 직업 화가답게 큰 아틀리에를 가지고 있었다. 백여 년쯤 된 유겐트슈틸 5층 건물의 1층 전체를 사용하고 있었다. 유화와 판화 제작을 위한 화실에는 많은 예술품을 모아놓은 진열장과 큰 작업용 탁상이 있었고, 옆방은 공작소처럼 각종 페인트와 연장이 널려진 작업실이었다. 그는 캔버스부터 자기 손으로 직접 만들었다. 작업복에 페인트 자국이 지저분한 앞치마를 두른 그의 모습은 완전한 육체 노동자였다. 그래도 극동에서 온 시인에게 그는 맛 좋은 레드와인을 권하는 것을 잊지 않았다.

옌쎈은 쮜리히 도심의 알트슈타트 호텔을 예술적으로 개조하는 작업을 맡고 있었다. 리마트 강변의 키르히가쎄 입구에 위치한 이 호텔의 객실 23개를 작가들에게 헌정하는 작업이었다. 호텔 주인이 특별한 예술 애호가가 아니라면, 이런 특성화 리모델링은 힘들 것이다. 옌쎈의 제안으로 나의 이름이 붙은 작가의 방도 하나 설치되었다. 동양인으로서는 독일에서 거주하는 일본인 여류작가 요코 타와다와 나, 두 사람뿐이다. 보통 두 사람이 투숙할 수 있는 이 작가의 방(Writer′s Room)은 2004년 시세로 1박에 180 유로(=약 22만 원)니까, 관광의 나라 스위스 물가에 견주어 볼 때 중급 정도에 속한다.

내 이름이 붙은 방(das Kwang-Kyu Kim Zimmer)은 5층 지붕 밑 방이다. 경사진 지붕에 창문이 하늘로 뚫린 이 방은 더블베드 침실, 책상과 카우치가 있는 부속실, 화장실 겸용 욕실, 옷장과 선반, TV와 전화와 냉장고가 갖추어진 점에서 보통 호텔 방과 다름이 없다. 그러나 출입문 바깥 복도에 내가 쓴 안내

판이 붙어 있고, 실내에는 옌센과 합작으로 제작된 시화「밤눈」과 그림 위에 텍스트를 쓰고 있는 나의 모습(사진)이 걸려 있고, 서가에는 나의 시집들과 번역서, 관련 책자들이 꽂혀 있어, 투숙객이 한국 문학의 편모를 볼 수 있다. 이른바 세계화의 시대에 옌센과의 인연이 맺은 작은 열매다.

 작년 여름에 쮜리히에 들렀을 때, 알트슈타트 호텔 나의 방에서 이틀을 묵으며, 옌센을 만나보고, 쮜리히 호반을 산책했다. 언제 또 오랴 싶어, 내 방의 사진도 몇 장 찍어 두었다. 그런데 슈투트가르트 역에서 여행가방을 옮겨 싣는 동안 이 싸구려 카메라를 잃어버리고 말았다. 없어진 필름에 담긴 다른 장면들은 결국 내 스스로 기억하는 수밖에 없게 되었다. (2005)

카스파 다비트 프리드리히의
〈홀로 서 있는 나무〉

인간과 인간 사이의 인연과 마찬가지로 이 세상에는 인간과 사물 사이에도 인연이 있는 것 같다. 20세기 모더니즘 문학의 선구자였던 프란츠 카프카를 통하여 19세기 낭만주의 화가 카스파 다비트 프리드리히의 그림 한 폭을 알게 된 나의 경우도 그렇다.

1950년대 중반에 나는 조숙한 문학 소년으로서 처음으로 카프카를 알게 되었다. 그러나 『변신』, 『소송』, 『성』, 『아메리카』를 번역판으로 억지로 읽고 나서, 적잖이 당황했다. 이렇게 재미없는 소설은 난생 처음이었다. 내가 가지고 있던 문학의 교양으로는 멋진 주인공이 등장하여 흥미 있는 스토리가 전개되어야 우선 소설이 되겠는데, 카프카의 작품은 전혀 그렇지 않았다. 그런데, 남자와 여자가 만나 그럴 듯한 사랑을 하지도 않고, 주인공과 적대자가 마주쳐 불꽃 튀는 투쟁과 갈등을 연출하지도 않는 그의 작품 가운데서도 가장 부조리하고 불투명한 대목들이 이상하게도 뇌리에 오래 남아 나의 가장 절실한 체험처럼 느껴진다.

카프카의 장편소설 『소송』은 전체가 10장으로 되어 있는데, 그 중 화가 티토렐리가 등장하는 제7장은 아마 가장 읽기에 지루한 대목일 것이다. 자기의 죄가 무엇인지도 모르면서 체포되어 소송에 말려든 주인공 요제프 K는 법정화가 티토렐리를 찾아간다. 판사의 초상화를 그리는 티토렐리는 재판소의 제반 사정에 정통한 지식을 가지고 있고 그의 화실은 재판소 사무실 바로 위에 있는데, 무덥고 숨 막힐 듯한 공기로 가득 차 있다. "당신은 아무 죄도 없지요?"라는 긍정적인 물음으로 손님을 맞이한 이 화가는 그러나 이 재판에서 무죄 판결을 받을 아무런 방법도 없음을 명백히 설명해 주어, K로 하여금 헛된 희망을 버리고 절망을 확인케 하고, 이 재판이 결국은 삶 전체를 죄목으로 하는 존재의 재판이라는 것을 깨닫게 한다. 자기의 존재상황을 타개하려는 인간에게 그 실상을 보여주고 쓸데없는 시도의 포기를 종용하는 것이다. 티토렐리가 그리는 황야의 풍경은 '어두워가는 풀밭 위에 찬란한 낙조를 배경으로 가느다란 나무 두 그루가 멀찌감치 떨어져 서 있는 그림'이었다. 이것은 곧 존재의 상황이라고도 볼 수 있다. 죽음 또는 재판을 앞에 두고 암담한 현실 속에서 아무런 위안이나 희망도 없이 외롭게 존재하는 인간의 공통된 운명을 그린 것이라 해석된다. 그러나 티토렐리가 법정의 초상화가이므로, 그가 그린 풍경화라고 해봤자 이발소에 걸리는 그림 같은 것이리라고 나는 상상했다.

1970년대 초에 베를린의 어느 미술관에서 나는 티토렐리의 그림을 발견하고 깜짝 놀랐다. 물론 그것이 카프카의 『소송』에 나오는 법정화가의 그림일 수도 없었고, 꼭 닮은 데도 없었다. 그러나 그 그림을 본 순간 나의 머릿속에는 즉각적으로 티토렐리의 '황야의 풍경'이 떠올랐던 것이다. 그것은 카스파 다비트 프리드리히(Caspar David Friedrich, 1774-1840)가 그린 〈홀로 서 있는 나무 (Der einsame Baum)〉라는 유화였다. 황막한 들판에 풍우에 시달려 잎이 다 떨어진 떡갈나무 한 그루가 온몸을 드러낸 채 서 있는 이 풍경화는 존재의 고독한 상황을 표상하고 있는 것처럼 보였다. 언어와 대상이 일치하는 순

카스파 다비트 프리드리히 〈홀로 서 있는 나무〉 1822년 55×71cm

간에 시인이 느끼는 기쁨과 똑같은 전율을 나는 이때 맛보았다. 전생의 기억처럼 뇌리에 깊이 남아있던 형상이 실제의 사물로 눈앞에 현현되는 순간의 경악과 환희라고 할까. 물론 나의 삶에 이 그림이 이러한 흔적을 남기게 된 경로가 논리적으로 타당한가는 전혀 별개의 문제다.

카스파 다비트 프리드리히는 1822년에 이 그림을 그렸고, 프란츠 카프카는 1914년에 『소송』을 집필하기 시작했으며, 그로부터 10년 뒤 그가 죽은 다음 해(1925)에 비로소 이 소설이 출판되었다. 프리드리히의 명화들이 베를린의 여러 박물관과 미술관에 소장되어 있다는 사실과 카프카가 1913년부터 베를린에 자주 갔었다는 사실을 연결시켜 보면, 카프카가 『소송』을 쓰기 전에 프리드리히의 그림을 보았을 수도 있지만, 이것은 나의 추측에 불과하다. 하지만 프리드리히의 〈홀로 서 있는 나무〉가 단순한 수목이 아니라, 고독한 실존의 상황과 인간의 정신적 고뇌를 형상화한 것은 누구나 느낄 수 있을 것이다.

(2000)

피라미드를 쌓는 우직함

지금까지 인간이 만들어낸 세계 최대의 축조물은 피라미드라고 한다. 기원전 2900년경 이집트에 축조된 피라미드는 겉모습이 3, 4개의 삼각형으로 되어 있어 어느 방향에서 보든지 가장 원초적인 안정감을 준다. 큰 피라미드는 약 250만 개의 거대한 화강암을 기단에서

부터 쌓아 올린 것이라고 한다. 그 규모로 보아도 불가사의가 아닐 수 없다. 그리고, 4면체나 5면체 피라미드의 정상 꼭지점을 만들기 위해서 20여 년간 2, 3억 명의 인부가 동원되었다.

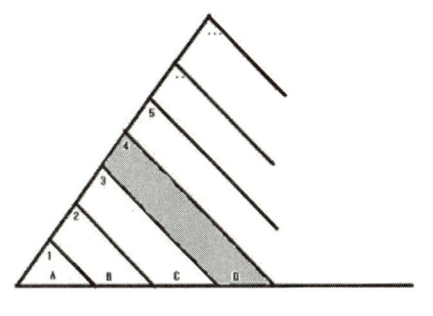

피라미드가 구현하고 있는 삼각형은 모든 건조물의 원초적 기본형일 뿐만 아니라, 먹이사슬이나 인간세계의 지배 체계와 문화구조도 보여준다. 또한 작가 개인에 의하여 씌어지는 개개의 문학작품이 쌓여서 민족문학이나 특정 언어권의 문학을 형성하는 과정도 피라미드의 축조 형태를 빌어 설명할 수 있다.

삼각형을 평면으로 그린 위의 도형에서 가로를 문학 작품이 제작되는 시간의 축이라 하고, 세로를 문학적 성취도를 나타내는 공간의 축이라 한다면, 한 작가가 일정한 기간에 이룩한 성과를 하나의 삼각형 사면체로 상정해 볼 수도 있을 것이다. 가령 위와 같이 평면 도형으로 그려 볼 때, A, B, C 는 작가의 문학적 생애에서 초기, 중기, 후기 등 시간의 단계를, 1, 2, 3은 해당 기간에 발표된 작품의 수용과 평가를 나타낸다. 예컨대 어느 시인이 문단에 데뷔한 후 새로운 개성을 보여주는 시집을 10여 년간 3권 내어 주목을 받다가 중년기의 원숙한 작품 세계로 변모 발전해 갔다면, 첫 번째 삼각형의 A를 시간적으로 초기, 1은 이 시기의 대표작품들과 문학적 성취를 의미한다. 그리하여 B단계 중기, C단계 후기(물론 작가에 따라서는 개인적 편차에 따라 두 단계나 네 단계가 될 수도 있음)를 거쳐 생애를 마감했다면, D단계는 사후의 영향과 평가에 해당된다. 이 단계는 경우에 따라 생전의 평가(1, 2, 3)보다 더 커질 수도 있고, 작아질 수도 있다. 그러니까 이 도표의 D단계는 + 또는 − 의 영역이라 할 수 있다.

  이러한 문학의 피라미드는 시인이나 소설가 개개인에만 해당되는 것이 아니다. 하나의 민족어가 이룩하는 민족문학의 구조도 이와 비슷하다. 다만 수많은 작가와 작품들이 거대한 피라미드를 형성하는 구성 요소가 되어, 이 문학의 추상체가 하나의 유기체처럼 점점 커지고 높아진다. 한국 문학, 중국 문학, 일본 문학, 영미 문학, 독일 문학, 프랑스 문학, 스페인 문학, 러시아 문학…… 들이 제각기 크고 작은 피라미드 모습으로 자라고 있는 셈이다. 한국어로 글을 쓰는 수많은 시인, 소설가, 비평가들이 저마다 이 피라미드를 쌓아올리는 기단석의 영향을 분담하고 있다. 피라미드는 한 개의 돌로 만들 수 없다. 피라미드의 정상에 오르는 머릿돌은 (비근한 예를 들자면) 노벨상 같은 큰 문학상 수상자에 비유할 수도 있을 것이다. 그러나 평면도형에서 볼 수 있듯이 그것도 곧 점점 크게 자라는 문학 피라미드의 한 부분 (1,2,3,4……)으로 흡수된다.

문학작품은 결코 종이에 인쇄된 활자가 아니다. 생명의 기본인 호흡의 숨결과 말의 입김, 컴퓨터보다 빠르고 깊고 다양한 두뇌의 사유와 직관, 기계로 대체할 수 없는 감성, 사랑과 증오와 연민과 회한, 이루어질 수 없는 꿈과 상상을 앞질러가는 현실…… 이 모두가 바탕돌이 되어 쌓아올린 피라미드가 바로 한 나라의 문학이다. 거대한 피라미드를 축조하기 위해서는 그야말로 무수한 바탕돌이 필요한데, 이것을 생각하지 않고, 대뜸 피라미드의 정상에 놓을 머릿돌을 찾으려고 서두르고 있는 꼴이 우리의 현실인 것 같다.

우리가 살고 있는 현실의 체험과 상상의 허구가 결합하여 문학작품이 탄생하게 마련이다. 일상적 생활 체험과 현실에서 촉발되는 상상이 모두 하나 하나의 돌이 되어 문학의 피라미드를 형성한다. 작고 하찮은 사물이 바로 우주와 세계를 이루는 기본이며 역사와 이념의 원동력이 된다. 문인들은 모름지기 바탕돌을 한개씩 놓으려는 자세로 글을 써야 할 것 같다. 이것이 우리의 문학을 세계에 알리는 가장 느린 길이자 지름길이다. 문학에는 왕도가 없다. 세계 최대의 축조물을 쌓아올린 우직함이 5,000년 전의 피라미드를 오늘날 우리에게 보여주고 있지 않은가. (2005)

나를 매혹시킨 한 편의 시

죽음의 둔주곡

— 파울 첼란

새벽의 검은 우유 우리는 그것을 저녁마다 마신다
　우리는 그것을 한낮에도 그리고 아침에도 마신다 우리는 그것을 밤마다 마신다
　우리는 마시고 또 마신다
　우리는 공중에 무덤을 판다 거기서는 좁지 않게 누울 수 있다
　한 사나이가 집에서 산다 그는 뱀들과 함께 논다 그는 편지를

쓴다

  그는 어두워지면 독일로 편지를 쓴다 그대 금빛 머리의 마르가레테여

  그는 편지를 쓰고 집 앞으로 나온다 별들이 반짝인다 그는 휘파람으로 자기의 사냥개들을 불러낸다

  그는 휘파람으로 자기의 유태인들을 불러내어 땅에 무덤을 파게 한다

  그는 우리에게 무도곡을 연주하라고 명령한다

  새벽의 검은 우유여 우리는 너를 밤마다 마신다

  우리는 너를 아침에도 그리고 한낮에도 마신다 우리는 너를 저녁마다 마신다

  우리는 마시고 또 마신다

  한 사나이가 집에서 산다 그는 뱀들과 함께 논다 그는 편지를 쓴다

  그는 어두워지면 독일로 편지를 쓴다 그대 금빛 머리의 마르가레테여

  그대 잿빛 머리의 줄라미트여 우리는 공중에 무덤을 판다

  거기서는 좁지 않게 누울 수 있다

그는 외친다 너희들 한 무리는 땅 속으로 더욱 깊이 삽질을 하고 너희들 또 한 무리는 노래 부르고 연주하라
그는 허리에 찬 권총을 잡고 그것을 흔든다 그의 눈은 파랗다
너희들 한 무리는 더욱 깊이 삽질을 하고 너희들 또 한 무리는 계속해서 무도곡을 연주하라

새벽의 검은 우유여 우리는 너를 밤마다 마신다
우리는 너를 한낮에도 그리고 아침에도 마신다 우리는 너를 저녁마다 마신다
우리는 마시고 또 마신다
한 사나이가 집에서 산다 그대 금빛 머리의 마르가레테여
그대 잿빛 머리의 줄라미트여 그는 뱀들과 함께 논다

그는 외친다 더욱 달콤하게 죽음을 연주하라 죽음은 독일이 낳은 대가이다
그는 외친다 더욱 음울하게 바이올린을 연주하라 그러면 너희들은 연기가 되어 하늘로 올라가고
그러면 너희들은 구름 속에 무덤을 갖게 된다 거기서는 좁지 않게 누울 수 있다

새벽의 검은 우유여 우리는 너를 밤마다 마신다
　우리는 너를 한낮에도 마신다 죽음은 독일이 낳은 대가이다
　우리는 너를 저녁에도 그리고 아침에도 마신다 우리는 마시고 또 마신다
　죽음은 독일이 낳은 대가이다 그의 눈은 파랗다
　그는 납으로 만든 총알로 너를 맞춘다 그는 너를 정확히 명중시킨다
　한 사나이가 집에서 산다 그대 금빛 머리의 마르가레테여
　그는 자기의 사냥개들로 우리를 쫓도록 한다 그는 우리에게 공중의 무덤을 선사한다
　그는 뱀들과 함께 놀며 꿈 꾼다 죽음은 독일이 낳은 대가이다

　그대 금빛 머리의 마르가레테여
　그대 잿빛 머리의 줄라미트여

　바하의 푸가를 들어보면 그것이 정선율과 대선율의 대립·반복·변조를 통하여 전개되는 것을 알 수 있다. 〈죽음의 푸가〉, 즉 '죽음의 둔주곡'이라는 제목이 암시하듯이 이 시에서도 두 개의 주선율이 전편을 흐르고 있다. 하나는 죽음을 기다리

는 '우리'의 합창이고, 또 하나는 죽음을 집행하는 '그'의 독창이다. 삶의 자양인 '우유'가 죽음을 상징하는 '검은' 색과 결합하여 '검은 우유'라는 당착어법의 은유를 만들어낸다. 이 검은 우유를 '새벽에', '저녁마다', '한낮에', '아침'에 마시고 또 마신다. 시간이 역류하는 현실 속에서 우리는 죽어가고 있는 것이다. '공중에 무덤을 판다'는 것은 가스 처형실에서 죽은 다음 화장장의 연기가 되어 하늘로 올라간다는 말이다. 강제수용소의 좁은 공간에서 죽음을 기다리는 우리의 상황과 반대로, 한 사나이는 집에서 살면서 밤에는 '금발머리의 마르가레테'에게 편지를 쓰고, 사악한 '뱀들과 함께 논다'. 그는 독일이 낳은 '죽음의 대가', 교수 형리, 나찌스 장교이다. 바그너 오페라의 한 소절을 휘파람 불면서 유태인들에게 자기가 죽어서 묻힐 무덤을 파게 하고, 죽음의 무도곡을 연주시키는 장면은 다큐멘터리 필름에도 나온다. 이렇게 첫 연에서 이 시의 전체 구조가 예시된다. 유태인 희생자와 독일인 학살자가 두 개의 선율을 타고 대립된 형태로 등장하는 것이다.

검은 우유를 마시고 또 마시는 고통의 반복처럼 이 두 개의 선율도 조금씩 변조되면서 되풀이된다. 독일 여인의 전형인 '금빛 머리의 마르가레테'와 종족 이론에 나오는 대로 파란 눈을 가진 독일 남자가 권총을 휘두르는 형상이 하나의 선율을 이루고, 성경의 아가에 나오는 유태 여인 '잿빛 머리의 줄라미트'와 죽음의 무도곡을 연주하면서 자기의 무덤을 파는 강제수용소의 유태인들이 또 하나의 선율을 이루고 있다. 두 개의 테마를 끌고 가는 문장들은 모두가 외마디 단문으로 되어있어, 대립된 두 세계가 서로 어울릴 수 없는 현실을 나타내고 있다. 좀더 자세히 살펴보면, 독일인의 행동을 나타내는 동사들 (예컨대, '편지를 쓴다', '휘파람으로 사냥개들을 불러낸다', '명령한다', '권총을 흔든다', '총알로 맞춘다' 등)은 구체적 공격의 진술어인 반면, 유태인의 그것들은 '검은 우유를 마신다', '공중에 무덤을 판다', '좁지 않게 누울 수 있다' 등 수동적 구속을 나타내는 은유의 차원에 머물러 있다.

마지막 연은 구조가 똑같은 단 두 행으로 구성되어 있다. 독일이 이차대전에서 패망한 후 '금발머리의 마르가레테'가 남고, 유태인이 강제수용소에서 학살당한 후 '잿빛 머리의 줄라미트'가 남아서 만난 것이다. 역사가 언제나 그랬듯이, 남자들은 세계를 파괴하고 인명을 살상하며 죽어갔고, 여자들만 초토에 남아서 사람을 낳아서 기르고 다시 세상을 만들어야 할 운명을 맞이한 것이다. 학살자 독일인과 피살자 유태인의 살아남은 후예들이 아무런 동사도 없이 명사만으로 만난 이 마지막 연을 통하여 시인이 전달하는 메시지는 무엇일까. 과거의 청산일 수도 있고, 용서와 화해일 수도 있다. 모든 독자에게 열려진 결말로 주어진 셈이다.

이 시를 쓴 파울 첼란(Paul Celan 1920-1970)은 루마니아의 체르노비츠에서 독일계 유태인 가정에 태어났다. 1942년 부모와 떨어져 제각기 강제수용소로 끌려갔다. 용케 살아남은 첼란은 1948년 파리로 와서 독문학과 언어학을 공부하고, 프랑스 시민권을 획득했으며, 1959년부터 대학 강사와 번역가로 일했다. 독일의 나찌스에게 부모를 잃고 삶의 터전을 빼앗긴 그가 프랑스에서 독일어를 가르치며, 독일어로 시를 썼다는 사실은 새삼 모국어의 의미를 실감케 한다. 1948년 시집 『유골 단지의 모래』를 펴낸 이후, 9권의 시집을 출판했고, 1960년에 독일에서 가장 명망 높은 게오르크 뷔히너 문학상을 받았고, 그로부터 10년 후에 센 강에 투신자살했다.

19세기말 20세기 초의 세기 전환기에 많은 유태인들이 유럽문화의 중심적 역할을 했듯이, 파울 첼란도 동시대의 독일어권 문학에서 순수시 내지는 절대시의 정점을 보여주었다. 그러나 외부 현실의 반영이 아니라 내면 세계의 은유로 씌어진 첼란의 시는 일반 독자의 접근과 이해를 불가능하게 만들었다. 1945년에 씌어진「죽음의 둔주곡」은 그의 작품 가운데서 유일하게 세계적 공감대를 형성하며 널리 읽히는 시다. 그러니까 첼란의 많은 시 가운데서 유일한 예외에 속하는 이 시가 바로 그의 대표작으로 오해되는 결과를 가져왔다고 할 수 있다. 프랑크푸르트 학파의 대표학자인 아도르노는 '아우슈비쯔 이후에는 독일어로 시를 쓸 수 없다'고 말했다. 너무나 널리 인용되는 이 발언을 정면으로 거부한 것이 바로 이 시다. 아도르노나 첼란이나 똑같이 20세기를 살고 간 독일계 유태인이다. 미국에 망명하여 나찌스 독재와 전쟁의 참상을 피했던 사회학자는 독일문학에 사형선고를 내렸고, 생명의 위협을 받으며 온갖 고통을 현장에서 겪은 시인은, 바로 자기의 가족을 포함하여 6백만 명의 유태인을 죽인 학살자의 언어로 시를 써서, 독일문학에 영원한 기념비를 남긴 것이다. 어떻게 보면 유태인답게 머리 좋은 복수를 했다고 볼 수 있다.

구태여 이러한 해석을 하지 않아도 이 시는 작품 자체로서 완벽한 성공을 거둔 현대시라고 생각한다. 소리와 뜻의 결합으로 빚어지는 이 시의 이미지와 메시지는 해석 이전에 공감을 주기 때문이다. 구체적인 역사와 현실을 시각적으로 보여

주면서 동시에 푸가의 형식을 통하여 망자를 추념하는 연도를 청각적으로 들려줌으로써 거대한 주제를 공감각적 형상으로 재현하고 있지 않은가. 이것은 독일인과 유태인 사이에 일어난 비극뿐만 아니라, 모든 인간의 가슴속에 잠재한 파우스트와 메피스토의 대결과 갈등을 경고하는 영혼의 둔주곡이라 할 수 있다. (2001)

나가는 여행, 들어오는 관문

세계화 시대를 살아가려니 국제 행사에 참가할 일이 더러 생기고, 여행 체험에서 생겨난 시도 적지 않다. 꼭 기행시라고 분류할 필요는 없겠지만, 나의 여덟 번째 시집에도 여행에서 얻은 시들이 몇 편 들어 있다.

기차를 타고 떠나는 낭만적 여행과 달리 비행기 여행은 탑승 수속부터 불쾌한 경우가 많다. 작년 6월에 콜럼비아의 메데진에서 열리는 국제 서정시 축제에 참가하기 위하여 긴 여행을 했다. 관계 기관의 배려로 편한 좌석을 받았는데도 고통스러운 여정이었다. 미국을 거쳐서 남아메리카로 가는데, 국적이 다른 비행기를 세 번 타고 21시간이 걸렸다. LA에서 다섯 시간 반, 마이애미에서 10시간 이상 환승을 기다렸다. 뉴욕의 국제무역센터 테러 사건 여파로 비행기를 갈아 탈 때마다 범죄 피의자처럼 극심한 검사를 받았다. 이미 검사대를 통과한 트랜지트 패신저인데도 코리아 여권을 보면 비행기 탑승구 바로 앞에서 다시 한번 몸과 짐을 뒤졌다. 혁대를 끄르게 하고 신발을 벗겨 발바닥을 기계로 훑고 나서야 비행기 안으로 들어가게 했다. 완전히 '악의 축'으로 오인되는 것 같았다. 서력 기원 2002년을 함께 쓰는 것이 부끄러울 정도였다. 이처럼 참담한 절차를 겪지 않더라도, 항공 여행은 비인간적이라고 불러야 마땅할 만큼 단조롭고 지루하다.

유럽이나 미주로 가려면 10시간 이상 날아가야 한다. 달리 여유가 있는 승객이 아니라면 이코노미 클래스의 좁은 좌석에 옹크리고 앉아 인내심을 길러야 한다. 기차 여행처럼 창 밖을 내다 볼 수도 없으니, 코를 골면서 자는 마음 편한 사람들이 부러울 뿐이다. 그래도 이륙 후 다섯 시간 정도는 여행 준비에 쌓였던 스트레스도 풀고 신문을 뒤적거리거나 책을 읽으며 보낼 수 있지만, 여섯 시간쯤 지나면 이른바 이코노미 클래스 증후군이 나타나며 견딜 수 없는 단계에 이른다. 나는 보통 때 몇 시간씩 아무 말도 않고 혼자서 있기를 좋아하는데, 왜 이럴까. 아마도 밀폐된 공간 속에 갇혀 있기 때문일 것이다. 비디오 화면에 떠오르는 비행 시간을 1분씩 헤아리다 보면, 이것은 착륙 시간이 다가오는 것이 아니라 나의 생명이 조금씩 줄어들고 있음을 실감하게 된다.

  낯선 공항에 내려서 한바탕 입국 수속을 치르고 짐을 찾아 가지고 나왔을 때, 아무도 마중 나온 사람이 없으면 사막이나 정글에 홀로 떨어진 느낌이다. 그러나 머뭇거리면 금세 수상한 자들이 접근하기 쉽다. 마치 이곳에 여러 번 왔던 여행객처럼 택시 정거장으로 직행하여 숙소로 향해야 한다. 아는 사람이 하나도 없는 도시에서 체류할 때는 그런대로 홀가분함도 있지만, 불의의 실수를 저질렀을 경우, 그 막막함이 절대고독에 육박한다. 혼자서 비엔나에 도착한 날 밤에 그런 일이 일어났다. 오래된 4층 석조 건물 지붕 밑 셋방의 목조 출입문이 자동적으로 닫히는 줄 모르고, 잠깐 복도로 나왔다가, 졸지에 내 방에서 쫓겨난 신세가 된 것이다. 열쇠도, 여권도, 지갑도, 수첩도 모두 방 안에 있으니, 누가 나를 끌고 가서 노예선에 팔아버려도 속수무책이었다. 마침 주말이어서 부근에는 사람 그림자조차 찾아볼 수 없는 절망적인 상황이었다. 한 시간 가까이 문 앞에서 서성거리다가, 겨우 생각해낸 방법이 경찰서를 찾아가자는 것이었다. 계단으로 내려가는 도중에 나보다 훨씬 큰 셰퍼드를 두 마리 앞세우고 올라오는 중년 남자를 만났다. 겁에 질린 낯선 동양인에게 그가 누구를 찾느냐고 물었다. 이 사람의 도움으로 비상 열쇠 장인을 불러 겨우 방문을 열었다. 적지 않은 돈이 들었지만, 그곳이 독일어권이었기에 천만다행이었다. 새삼 언어소통의 중요성을 깨달았다.

콜럼비아에 간 것은 비엔나에서 돌아 온 뒤, 삼년 만이었다. 남미가 스페인어권이라는 사실을 진작에 알고 있었지만, 메데진에서 영어 통용이 그토록 힘들 것이라고 예상하지는 못했다. 국제 서정시 축제 개막식에는 3천여 명의 청중이 운집했고, 시내의 주요 광장과 강당에서 매일 저녁 동시 다발로 열리는 시 낭송회에도 2백여 명 이상이 모였다. 스페인어로 번역 낭송된 나의 시 가운데서 「안개의 나라」와 「작은 사내들」이 청중의 큰 호응을 얻었다. 「안개의 나라」는 개막식 이튿날 현지의 일간지에 게재되었고, 「작은 사내들」을 의미하는 「옴브레스 치키토스」는 나의 별명이 되었다. 나의 시를 훌륭하게 낭송한 사람은 현지의 예술대학 교수였는데, 원작자인 나와는 전혀 의사소통이 되지 않았다. 그는 스페인어밖에 모르고, 나는 독일어와 브로큰 잉글리쉬밖에 할 수 없었기 때문이다. 시 낭송이 아닌 몇 마디 스테이트먼트를 하려면, 우선 독일 시인에게 부탁하여 나의 말을 영어로 옮긴 다음, 영어를 하는 현지인을 어렵게 찾아, 그것을 다시 스페인어로 번역해야만 했다. 많은 청중과 스페인어권 시인들이 번역된 나의 시를 통하여 코리아에서 온 시인을 알게 된 반면에, 나는 '부에노스 디아스(안녕하세요)'와 '그라시아스(고맙습니다)' 두 마디밖에 모르는 채, 메데진을 떠났다.

말이 통하지 않는 여행은 피상적인 외면의 인상밖에 얻는 것이 없다. 언어 자체를 소재로 사용하는 문학의 교류는 더 말할 나위도 없다. 잘 번역된 한 권의 텍스트가 몇백 명을 한꺼번에 실어 나르는 점보 제트 여객기보다 훨씬 큰 역할을 한다. 그 한 권의 책이 해당 언어권의 헤아릴 수 없이 많은 독자에게 코리아의 안으로 들어오는 관문이 되기 때문이다. (2005)

『지리산』의 시

　　　　　　　　이성부 시집 『지리산』은 독특한 구조를 가지고 있다. 전체가 4부로 나뉘어져 있고, 권말에 상당히 긴 「시인의 말」이 실려 있는 것은 여느 시집과 크게 다를 바 없다. 그러나 말미에 상세한 「지리산 지도」가 부록으로 붙었고, 중간에 지리산 전경, 천왕봉 일출, 산등성이의 길과 깊은 골짜기의 물, 세석평전과 뱀사골, 고사목지대와 구름에 덮인 산봉우리의 사진들이 실려 있는 점이 특이하다. 작품에 역사적·지리적 사실을 밝혀주는 친절한 각주가 달려 있는 곳도 많이 눈에 띈다. 교과서 같은 사실적 객관성을 시집에 부여하고자 노력한 의도가 보인다. 이러한 객관성과는 대조적으로 여기에 수록된 81편의 작품은 모두가 주관적 체험의 소산이다. 물론 시는 객관적 서술과는 거리가 먼 문학 형식이지만, 시적 자아의 시선과 사유가 지금 이곳보다는 과거의 그곳에 집중되어 있다. 실재 지명이나 인물 및 구체적 각주가 이러한 고착성을 직설적으로 증언하는 작품들, 예컨대 「정순덕에게 길을 묻는다」, 「도령들의 봄」, 「소녀전사의 악양 청학이골」, 「외삼신봉」, 「대성골에서 비트를 찾아내다」, 「화가 양수아의 빗점골 회고」 등을 제외하고 비교적 시적 진술에 충실한 작품에서도 유사한 발상이 자주 눈에 띈다. '벽소령'에서 그 사람의 내음을 맡고, '대성골'에서 그 날의 함성을 듣고, 단풍에서 '핏빛파도'를 보는 것이 그렇다.

단풍이 사람을 내려다본다
— 내가 걷는 백두대간 35

닳아빠진 짚세기로
해진 고무신으로
젖어버린 지까다비로

혹은 무명베 발싸개로

짐승처럼 내닫던 곳

얼음 들어 검푸른 발가락 잘려나가도

스스로는 아깝지 않았던 목숨들

오늘은 단풍 물들어

물끄러미 나를 내려다본다

산천초목 어디인들

그들이 갔던 발자국마다 길을 만들었으니

그들이 숨죽이며 눈짓했던

마음속 뜨거운 불꽃

오늘은 골짜기마다 이글거리는 눈빛으로

피어올라

온통 선연한 핏빛 파도 일렁이는구나

  단풍은 행락객이나 등산객의 시각적 향락이나 정서적 위안을 위한 것이 아니다. 겨울을 앞둔 갈잎나무들의 처절한 생존 준비라고 한다. 이런 점에서 보면 가을 산의 아름다움은 해지기 전에 서녘 하늘을 휘황하게 물들이는 낙조와도 비슷하다. 또한 오랜 역사를 두고 산은 인간에게 수련의 도장인 동시에 투쟁의 전장이었다. 산에는 자연의 정기뿐만 아니라, 인간의 한 맺힌 역사도 숨쉬고 있다. 우리 국토의 대부분이 산이기 때문에 근대 이후의 많은 비극적 사건이 산에서 일어난 것은 사실이다. 이러한 사실을 거듭 상기시키면서 시인은 과거극복을 시도한다. 하지만 단풍을 '온통 선연한 핏빛 파도'로 보는 것은 편향적 시각이 아닐까 생각된다. 물론 주관적 진술을 특징으로 하는 시의 화자에게는 사물을 바라보고 느끼고 생각하는 절대적 자유가 주어져 있다. 아울러 대상을 여러 면에서 관찰하는 다각적 시선과 복합적 사유 또한 시인에게 부여된 무한한 가능성이 아닌가.

이러한 우려를 불식해주는 작품들도 있다. '좋은 친구 데불고 산에' 오르며 '저 바위봉우리 올라도 그만 안 올라도 그만 / 가는 데까지 그냥 가다가/ 아무데서나 퍼져앉아버려도 그만 / (…)/ 그냥 내려와도 그만'이라고 산행의 달관을 드러내기도 (「서둘지 않게」 참조)하고, '지리산을 여러 차례 오르내렸는데 그 모습 모르고만 다녔다(……) 어느 해 겨울(……) 산 올랐더니, 비로소 옆으로 누운 지리산 긴 몸둥어리 한꺼번에 보이더라 빛나는 큰 보석 병풍 펼쳐져서 내 그리움 달려가 북받치게 하더라 사랑하는 것들 멀리 떨어져 바라보아야 더 잘 보이느니'(「보석」)라고 산을 산 자체로 바라보고 사랑하는 관조의 지혜를 피력하기도 한다. 이것이 모두 체험에서 얻어진 결과이다. 말이야 쉽지만, 산이 거기 있기 때문에 산에 올라간다는 경지에 이르기는 쉬운 일이 아니다. 높은 산에서 '고사목'을 만났을 때 물질과 정신의 분계점 또는 합일점을 발견하게 되는 것도 현실의 체험과 내면적 상상력의 결합에 의해서만 가능하다.

고사목
— 내가 걷는 백두대간 18

내 그리움 야월 대로 야위어서
뼈로 남은 나무가
밤마다 조금씩 자라고 있음을
나는 보았다
밤마다 조금씩 손짓하는 소리를
나는 들었다
한 오십 년 또는 오백 년
노래로 살이 쪄 잘 살다가

어느 날 하루아침

불벼락 맞았는지

저절로 키가 커 무너지고 말았는지

먼 데 산들 데불고 흥청망청

저를 다 써버리고 말았는지

앙상하구나

그래도 사랑은 살아남아

하늘을 찔러

뼈다귀는 뼈다귀대로 사이좋게 늘어서서

내 간절함 이토록 벌거벗어 빛남이여

　'월급쟁이를 그만두고 나서 찾아온' 산, 산에서 맞이하는 '젊음'과 '자유'(「한신골에서 나를 보다」), '금줄' 또는 '가로막는 것들과의 싸움'을 넘어서 (「금(禁)줄」), '참으로 산은 어떻게 보아야 하는지'를 깨닫게 된 (「유두류록이 헤아리는 산」) 시인의 땀 흘리며 온몸으로 답사한 지리산 체험과 치열한 자기 성찰이 결합하여 이룩한 하나의 정점을 위의 인용시에서 볼 수 있다. '야윌 대로 야위어서/ 뼈로 남은 나무'가 된 '내 그리움'이 얼마나 간절한가를 고사목에 비유하여 노래한 이 시는 벌거벗은 진솔함과 빛나는 은유를 함께 갖추고 있다. 이것은 「치밭목 산장」에서 '진주민란'의 '북소리'를 듣고, '소금길'을 '혼자 가며 혼자가 아님을 거듭 깨닫는'(「소금길 소금밥」) 것보다 더 높고 깊은 시적 형상화로 느껴진다. 시인은 후기에서 '시를 버리고 산에만 몰입했던 내가, 그 산으로 말미암아 다시 시를 찾게' 되었다고 술회했다. 산행에서 '자기성찰의 기회'를 통하여 단련된 정신이 고사목처럼 고고하고 품위 있는 시를 만들어 낸 것이다.

  시의 품위는 주제보다 언어에서 비롯된다. 이성부의 언어는 객관적 명징성과 주관적 함축성의 두 지점을 오고가는 진자 운동처럼 보인다. 전자에 접근하면 명쾌한 전달이 되고, 후자에 가까워지면 은유적 암시가 된다. 당장 「서시」에서 이러한 특징이 명확히 드러난다. 제1행 '물 흐르고 산 흐르고 사람 흘러'에서 첫째 마디는 객관적 서술에 머무는 반면, 둘째와 세째 마디는 시적 진술에 다가간다. 첫째 마디는 다시 제3-4행에서 사실적으로 부연되고, 둘째 마디는 제5-6행에서 상상적 도약을 거쳐 지각의 모양을 응고된 흐름으로 암시하고, 이를 종합하여 세째 마디가 인생의 유전을 포괄하게 된다. 이러한 병치와 대비의 구조는 시의 끝부분 세 행, 즉 '바람소리 솔바람소리 같은 것들/ 빈 손바닥에 앉은 슬픔 같은 것들/ 사라져버리는 것들 그저 보인다'에서 순서를 바꾸어 다시 반복되면서 이른바 「산경표 공부」의 중심축을 보여준다.

시집 전체로 보면, 첫째 마디에 해당되는 작품들이 비교적 많이 눈에 띄고 둘째 마디에 속하는 시편은 상대적으로 수효가 적은 편이다. 그러나 적음과 많음이 합쳐서 종합의 세째 마디를 이룩한다는 점을 생각하면, 그 배분의 차이가 별로 큰 의미를 갖지 않는다. 왜냐하면 어떠한 언어로 어떻게 표현하든지 거기에 담긴 것은 '옛 사람들 발자국' 위에 '내가 가는 이 발자국'을 포개는 일이기(「그 산에 역사가 있었다」) 때문이다. 그래도 '짚세기' 발자국 위에 등산화 발자국이 포개져서 마침내 인간의 역사를 만들어가는 과정에서, '편안한 길보다는 되도록 어렵게 가는 길목에서, 스스로 깨달음을 얻고 감동을 만나게 된다'는 「시인의 말」에 귀기울이며, 그의 문학이 더욱 '어려운 과정을 거쳐 열매' 맺게 되기 바란다. 이순을 바라보는 시인이 이처럼 힘차고 품위 있는 언어로 백두대간의 한 자락을 개성 있게 그려놓은 것은 1990년대 한국 시문학의 커다란 성취라 아니할 수 없다. (2001)

한·독 문학교류의 성과와 전망

세계화 시대가 시작되었다. 이제는 어느 나라도 고립하여 살 수 없게 되었다. 한 개인이 이웃이나 사회와 담을 쌓고 살 수 없듯이, 나라와 나라 사이에도 서로 주고받는 교역이 없이는 존립이 불가능하게 된 것이다. 물질적 교역의 경우, 무역량을 돈으로 환산하여 흑자와 적자를 가린다. 예컨대 우리나라와 독일의 교역량은 1999년 통계로 보면, 수출 4,285백만 달러, 수입 3,825백만 달러로 집계된다. 그러나 교역량을 쉽게 화폐로 계산할 수 없는 상호관계도 있다. 문화나 예술이 그렇다. 특히 문학의 영역은 잠재적 독자의 수효와 정신적 영향이 포함되어 있으므로 더욱 계산하기 어렵다. 예컨대, 독일의 문학 작품이 한국어로 번역되어 얼마나 많이 읽혔고 어떠한 영향을 주었는지 숫자로 가늠하기는 불가능하다. 마찬가지로 한국 문학이 독일에서 얼마나 읽혔으며 어떤 영향을 주었는지도 알기 어렵다. 하지만 지난 한 세기 동안 괴테의 『젊은 베르테르의 슬픔』이 우리말로 145회, 헤세의 『데미안』이 76회, 카프카의 『변신』이 47회나 번역 출판되었다는 사실은 놀랍다. 그리고 이것은 한국에 번역 소개된 독일 작가와 작품의 극히 일부에 지나지 않는다. 1893~1998년 사이의 105년간 독일어로 번역된 한국 문학작품이 53종밖에 되지 않는다는 통계와 비교해 보면, 우리나라와 독일 사이의 문학교류는 엄청난 적자를 기록한 셈이다. 독일 문학 작품이 우리나라의 독자나 작가에게 끼친 영향은 빼놓고도 말이다. 그런데 이러한 문화적 적자에 관해서는 별로 심각하게 생각지 않고, 달러로 환산되는 차액만 주목하는 것이 일반적 현실이다. 이러한 현실 속에서 문화 교류를 추진하기는 힘든 일이다. 특히 문학의 경우는 그 매체인 언어가 근본적으로 다르기 때문에, 시청각에 의하여 직접 전달이 가능한 미술·음악·무용·연극·영화보다 훨씬 더 힘들다.

흔히 말하기를 독일인은 듣기를 좋아하여 서양 음악의 대표 작품들을 만들어 냈고, 프랑스인들은 보기를 좋아하여 서양 회화를 발달시켰다고 한다. 이 말은 문학 분야에서도 타당성을 가지고 있다. 중세 음유시인의 낭송 전통이 독일에는 아직도 맥맥이 살아 있다. 새 소설이나 시집이 나올 때, 출판사는 지면을 통한 광고와 함께 작가의 낭송 여행을 계획한다. 지방분권제로 발전해 온 나라이니만큼 독일은 꼭 대도시가 아니더라도 도처에 문학의 집이나 도서관, 예술포럼이나 문예서점이 있어서 크고 작은 작품 낭독회를 개최할 수 있다. 이러한 모임은 대개 저녁 늦게 열리는데, 초청된 시인이나 소설가가 곧 출판될 예정이거나 새로 출시된 작품의 일부를 육성으로 낭독하고, 청중들과 대화를 나누고, 자기 책의 서명 판매도 한다. 입장료를 받는 이러한 낭독회에 상당히 많은 청중들이 모인다는 사실로 보아도 이 전통이 깊은 뿌리를 내리고 있음을 알 수 있다. 저녁 식사 후의 시간을 유흥으로 탕진하는 대신에 문화 행사를 관람함으로써 뜻있게 보내고자 하는 독일의 사회 분위기 속에서, 이 전통은 맥맥이 이어지고 있는 것이다. 이와 같은 독일 작가들의 낭독회는 우리나라의 서점에서 가끔 베스트셀러의 사인 판매를 하는 행사보다 복합적인 성격을 가지고 있다. 그러므로 우리 문학 작품의 독일어권 진출도 현지의 이러한 관행을 따라야 효과를 기대할 수 있다. 한국 작품이 독일어로 번역되고, 독일에서 출판된 사실만으로 만족한 나머지 그대로 손을 털어버리면, 그 번역서는 물에 돌을 던지듯 그대로 가라앉아 버린다. 독일 서적 시장의 유통 구조 속으로 진입하지 못하고 곧장 서적 폐품으로 되어버리기 쉽다는 말이다. 우리의 서적 출판, 유통 관행과 다르기 때문에, 한국 작가들은 낭독회를 통한 작가 자신의 홍보 활동을 낯설게 느낀다. 한독 작가 교류의 큰 목적 가운데 하나가 바로 상대국의 청중을 모아 낭독회를 개최하고 이 행사의 반향이 독자의 개인적 공감을 얻고 지역사회의 문화 네트워크를 통하여 연쇄적인 파상 효과를 거두도록 하자는 것인데, 작가들은 더러 왜 자기가 자기 작품을 읽느냐고 쑥스러워 하기도 했다. 우리나라의 문화계에서도 이런 행사를 선뜻 지원하려고 들지 않았다. 더욱 놀라운 것은 이 분야 전문가들이나 문단 일각에서조차도 이러한 행사를 작가들이 어울려 공짜로 해외 여행이나 즐기는 정도로 인식하고 있다는 사실이다. 다행히 1990년대 초부터 파라다이스문화재단(전 우경문화재단)을 위시하여 대산문화재단, 한국문예진흥원, 한국문학번역원(전 번역금고) 그리고 주한 독일문화원과 독일측 여러 파트

너들의 지원으로 한독 작가 교류 행사를 본격적으로 추진하고 상례화하게 된 것은 참으로 다행한 일이다. 연속성이 없으면, 과시용 단발 행사에 그치고 만다. 문화의 속성이 본래 그렇듯 문학교류행사도 꾸준히 지속되어야 그 성과가 서서히 나타나는 것이다.

1992년 독일의 베를린 문학교류회(LCB)가 한국 작가단을 초청하여 작품 낭독회를 개최한 이래, 짝수 해에는 한국 작가

한국 작가 초청 작품 낭독회 (1997, 뒤셀도르프의 하이네 기념관에서)

단이 그리고 홀수 해에는 독일 작가단이 상대국을 방문하여 작품 낭독회를 열고, 양국 작가들끼리 의견을 교환하고, 문화체

험을 쌓는 행사가 10년을 계속해 오고 있다. 1995년부터는 독일어권에서 기회가 주어지는 대로 매년 한국 작가단의 낭독회를 열 수 있도록 노력하고 있다. 그동안 우리나라의 소설가(김주영·김원일·이청준·홍성원·조세희·전상국·한수산·오정희·임철우·신경숙), 시인(오규원·이시영·황지우·김혜순·황동규·정현종·김광규), 비평가(유종호·김병익·김주연·김치수·오생근·성민엽·홍정선)들이 독일어권의 중요 도시(베를린·본·함부르크·뒤셀도르프·빌레펠트·쮜리히·바젤)에서 한국 현대문학을 선양하는 행사를 전개해 왔다. 한국 작가들이 자기 작

프랑크푸르트 문학의 집에서 시를 낭독하는 필자
(프랑크푸르트 알게마이네 짜이퉁, 2002. 10. 30)

품을 우리말로 낭독하고, 독일 작가들이 번역된 텍스트를 읽고, 청중과 대화를 나누고, 현지 언론 방송 매체와 인터뷰를 하고, 문화유산을 살펴보는 순서로 진행되었다. 한국의 문화예술팀 가운데서 아마도 가장 늦게 독일어권을 찾은 한국 작가단에 대한 현지의 호응과 반향은 매우 호의적이었다. 많은 청중이 찾아와서 주최측을 놀라게 했고, 청중과의 대화도 진지했다. 작품집의 서명 판매도 독일어권 작가의 평균치를 상회했고, 유명일간지에 게재된 행사 보도나 인터뷰 기사는 현지 교민들에게도 조국의 문화에 대한 자존심을 높여 주었다.

독일 작가단의 한국 방문 행사도 같은 모델에 따라 진행되었다. 1993년 가을에 시인 하랄트 하르퉁, 두르스 그륀바인, 카를 리하, 소설가 한스 요하힘 셰틀리히, 클라우스 슐레징어, 비평가 노베르트 밀러, 울리히 야네쯔키가 서울과 부산에서 작품낭독회와 강연회를 열고 경주의 문화유적을 돌아보았다. 한독수교 백여 년 만에 처음으로 독일의 현역 작가단이 자신의 작품을 낭독하고 한국 독자와 직접 대화를 나눈 기회였다. 이미 세상을 떠나 독일문학사에 오른 작가들의 작품만 읽던 한국 독자들에게 신선한 충격이 아닐 수 없었다. 뒤이어 한 해 터울로 시인 우르줄라 크레헬, 우베 콜베, 음유시인 슈테판 크라브

찌크, 소설가 부르크하르트 슈피넨, 마르셀 바이어, 한스-울리히 트라이헬, 마티아스 폴리티키, 잉고 슐쩨 등이 내한했다. 이들의 작품은 《동서문학》 1993년, 1995년, 1997년, 1999년 가을호에 역재되어 있다. 이들은 귀국하여 직접 간접으로 한국 문물을 애호하는 데 앞장섰고, 문단의 모임에서 만나면 한국에 대한 이야기의 꽃을 피웠다는 사실을 나중에 확인할 수 있었다. 한국이 무대로 등장하는 작품도 나오기 시작했다. 문학 교류의 성과는 이처럼 서서히 퍼지면서 스며드는 데 있다. 1960년대 말 베를린에서 세계적 명성의 작곡가 납치 사건으로 실추된 국위를 민간 차원의 연약한 문학 교류가 조금씩 회복해 가고 있는 셈이다.

문학의 전파와 수용은 언어 작품을 매개로 이루어지므로, 우리 문학의 다양한 면모를 보여줄 수 있는 좋은 작품들을 선발하여 번역하는 것이 가장 중요하다. 독일 문학 작품의 한국어 번역은 오랜 경험이 축적되어 상당한 수준에 올라 있지만, 한국 문학 작품의 독일어 번역은 아직도 초기 단계에 있다. 한국어를 자유자재로 구사하는 독일인 번역자를 발견하기는 아주 힘들다. 대개 한국인이 초역을 하여 독일인의 교열을 받게 마련인데, 한국 문학을 제대로 이해하는 독일인 교열자조차도

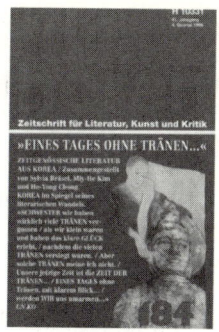

한국 현대문학 특집을 다룬 독일어권 문학지 3권(왼쪽부터)
《과학기술시대의 언어, 1993》,《디 호렌, 1996》,《드레풍크트, 2000》

흔하지 않다. 가장 이상적인 방법은, 문학적 재질을 갖춘 유능한 한국인 번역자가 초역을 맡고, 독일인 작가가 그 원고의 윤문을 담당하는 것이다. 1992년 이래 낭독회 출품작을 독일어로 옮기는 데 도입한 방식이 바로 이것이다. 지난 십여 년간 이러한 노력을 통하여 독역 된 한국 문학 작품들이 독일어권에서 본격적으로 출판되기 시작했다. 발터 휠러러와 요아힘 자르토리우스가 LCB에서 발행하는 문학 계간지《과학기술시대의 언어》에서 두 차례 (1993년 6월호, 1995년 3월호)에 걸쳐 한국 문학 특집을 펴냄으로써 한국 현대 문학이 독일에서 주목받는 문학 전문지에 최초로 소개되었다. 이렇게 시작된 한국현대문학 소개는 1990년대 후반에 들어서서 더욱 본격화되었다. 1996년에는 창간 40주년의 역사를 자랑하는 문학 예술 비평지

《디 호렌》(통권 184호)에서 한국 특집을 꾸몄다. 정혜영·김미혜·실비아 브레젤 공동 편집으로 출판된 이 두툼한 잡지에는 고은·오규원·황동규·황지우·김지하·정현종·신경림·이시영·김혜순·조정권·김광규의 시, 이청준·홍성원·김주영·현길언·임철우·오정희·김원일·이문구·이문열·조세희의 소설, 이강백의 희곡, 전숙희·김병익·권영민·조남현의 에세이가 번역 게재되었다. 이 특집호에 실린 작품들의 윤문을 그동안 한독 작가 교류 행사에 초대되었던 독일 작가들이 맡아주었다는 사실도 특기할 만 하다. 이로써 한국 현대 문학은 이전과는 달리 다양한 모습으로 독일 문단에 튼튼한 교두보를 세우고 그 존재를 알리게 되었다. 2000년 3월에는 루돌프 부스만이 발행하는 스위스 문학 잡지 《드레풍크트》(106호)가 김주영·현길언·김원우·서하진의 소설과 송수권·김광규·황지우·나희덕의 시를 역재하여 한국문학특집을 펴냈다. 빌레펠트의 펜드라곤 출판사에서는 정혜영과 귄터 부트쿠스 공동 편집으로 1998년부터 한국 현대 작가선을 출판하여 그 시리즈가 지금까지 11권에 이르렀다. 특히 《드레풍크트》의 한국 문학 특집호 발간을 계기로 문예진흥원과 파라다이스 문화재단이 지원하는 스위스 최초의 한국 작가단 낭독회가 쥐리히, 바젤, 고트리벤에서 열린 것은 그동안 독일에 국한되었던 작가 교류 행사가 독일어권 전역으로 확대되는 계기를 마련했다는 점에서 큰 의미를 갖는다.

  이것이 모두 지난 10년 동안 이루어진 한독 문학 교류의 큰 성과라 할 수 있다. 언어를 매체로 하는 문학 교류는 앞에서 말했듯이 기술·상품·스포츠 등과 달리 오랜 시간을 필요로 한다. 이제 독일어권의 문단과 출판계를 이해하는 전문성을 바탕으로 작품을 선정하고 번역의 질을 높여서 그동안 정지작업을 끝낸 터전 위에 한국 현대 문학의 특성을 선양해야 할 때다. 21세기를 진정한 문화의 세기로 이끌어나가려면, 겨우 활성화되기 시작한 우리 문학의 해외 소개 사업이 각계의 집중적인 지원을 받아 꾸준히 지속되어야 할 것이다. (2001)

천천히 올라가는 계단

2005년도 프랑크푸르트 도서전의 주빈국 행사는 도서전·문학 학술·공연 예술·전시·스페셜 프로젝트 등 5개 분야에 걸쳐 광범위하고 다채롭게 펼쳐졌다. 본 행사는 10월 19일부터 23일까지 불과 5일 동안에 도서전 건물과 야외 행사장을 중심으로 개최되었지만, 부대행사는 3월에 라이프찌히 도서전에서 시작된 한국 문학 작품 순회 낭독회를 출발점으로 베를린, 뮌헨, 함부르크 등 독일어권의 주요 도시와 프랑크푸르트 시내의 각종 문화 시설에서 동시다발적으로 개최되었다. 한국의 문학과 도서출판뿐만 아니라 거의 우리 문화예술 전반을 폭넓게 중부 유럽에 소개하는 기회가 되었다. 그러므로 이 많은 행사를 모두 참관한 사람은 아무도 없다. 그저 한국 선풍의 어느 한 쪽을 제각기 잠깐씩 스쳐갔을 뿐이다. 내가 참가한 분야도 문학 행사의 일각에 불과하다.

지난 9월 6~17일간 베를린에서 열린 제5회 국제 문학축전에 한국 문학 번역원 후원으로 고은 시인과 함께 참가한 것이 나로서는 첫 번째 행사였다. 이 행사에는 세계 80여 개국에서 150여 명의 작가들이 참석했고, 2주일간 베를린 시내 각처에서 여러 형태로 개최되었다. 낭독회 · 심포지움 · 강연 · 대담 · 작품공연 등 너무 크게 벌인 문학판이라 도저히 한눈에 파악할 수 없었다. 나는 각각 두 차례의 라디오 인터뷰와 낭독회, 그리고 공개 대담을 한 차례 가졌다. 9월 10일 토요일 저녁 때 베를린 축제극장 메인 홀에서 열린 낭독회에는 삼백 명이 넘는 청중이 모였다. 마침 한국의 우리 두 시인이 맨 먼저 무대에 등장한 덕분에 큰 호응을 얻었다. 미국, 독일, 프랑스, 포르투갈, 덴마크, 남아프리카, 인도, 일본의 시인들이 참가한 가운데 질케 베엘의 사회로 다섯 시간 가까이 계속되는 성황을 이루었다.

이 날 뜻하지 않게 독일의 대시인 한스 마그누스 엔쩬스베르거와 해후했다. 축제극장 잔디밭에 설치한 천막 카페에 앉았다가 먼발치로 엔쩬스베르거를 발견했다. 20세기 전반기의 미국 시인 월리스 스티븐스를 소개하는 강연을 맡아, 이곳에 온 모양이었다. 눈길이 몇 번 마주쳐서 인사를 했더니, 15년 전에 샌프란시스코 작가회의 때 만났던 기억을 되살려냈다. 76세의 나이에 실로 놀라운 기억력이었다. 한국에도 당신의 독자들이 적지 않은데, 한 번 오지 않겠느냐고 물었다. 물론 오고 싶지만, 단 한 마디의 언어도 모르는 나라에는 아직 가본 적이 없어, 용기가 나지 않는다는 것이 그의 대답이었다. 나는 지난여름에 볼프 비어만이 한국에 왔었음을 그에게 상기시켰다. 한국이 프랑크푸르트 국제도서전의 주빈국이 되리라고 아무도 예상하지 못했던 시점에 그의 상상력은 아직도 머물고 있는 듯했다.

영상 문화와 공연 예술에 밀려서 위축되어가는 문학을 되살리려는 시도는 독일어권에서 상당히 적극적이다. 전통적 문학 기관 외에도 옛날 같으면 문학과 전혀 관련이 없었을 장소를 찾아가서 작가들이 작품을 낭독하고 청중과 대화를 나누는 행사들이 요즘 많아지는 추세이다. '시를 읽는 거리' 라는 프로그램의 일환으로 나의 낭독회도 금요일 저녁때 울란트슈트라세의 지츠아르트 가구점에서 열렸다. 이 점포는 허리 병을 예방

해주는 각종 안락의자만 전시 판매하는 곳이었다. 길을 가다가 대형 유리창으로 안을 들여다보니, 60여 개의 형형색색 의자들이 전시되어 있었다. 처음에는 황당한 느낌이 들었지만, 청중들이 들어와 제각기 자기 마음에 드는 편한 의자를 찾아 자

프랑크푸르트 국제도서전 작품낭독회에서, 사회자 이리스 라디쉬 (디 짜이트 문예부장) 와 대화를 나누는 필자 (2005년 10월)

리 잡는 것을 보고 안도했다. 여러분, 내가 시를 읽는 동안 편안한 안락의자에 앉아 잠드시지 마십시오. 나는 이렇게 인사말을 시작했다. 행사가 끝난 뒤에 어떤 청중은 실제로 마음에 드는 의자 값을 주인에게 물어보기도 했다. 문학 행사와 점포 광

고의 시너지 효과를 실감할 수 있었다.

문학 작품 순회 낭독회의 마지막 기착지는 쾰른이었다. 파라다이스문화재단 후원으로 10월 16일 쾰른 문학의 집에서 열린 '한국 문학의 날' 행사에는 6명(고은, 김영하, 은희경, 하성란, 조경란, 김광규)이 참가했다. 날씨가 맑은 일요일이라, 주최 측은 오히려 걱정이 앞섰다. 햇볕에 굶주린 독일인들은 일기가 쾌청하면, 야외로 나가거나, 비어가르텐에 앉아서 맥주를 마시며 시간을 보내기 때문이다. 그러나 놀랍게도 연인원 70여 명의 청중이 모여들었다. 오전 11시부터 오후 6시까지 점심 시간을 빼고 여섯 시간 동안 시와 소설 낭독, 토론이 계속되었는데, 청중 대부분이 자리를 떠나지 않아 우리를 놀라게 했다. 한국 작가들이 저마다 개성이 강하고, 작품이 흥미로웠고, 사회와 통역, 토론을 맡은 베티나 피셔, 비르기트 메어스만, 후남 제엘만, 정혜영 교수 들이 기획과 홍보와 진행을 잘한 덕분이었다. 텍스트가 성공적으로 번역되고, 행사가 세심하게 조직되고, 통역이 작가와 사회자/토론자와 청중 사이의 의사소통을 제대로 이어준 성과였다.

프랑크푸르트의 본 행사는 조직위원회(김우창 위원장, 황지우 총감독)의 헌신적 노고에 힘입어 대체로 차질 없이 진행되었고, 현지 언론 매체의 긍정적 반응과 평가를 얻었다. 도서전 기간을 전후하여 《데어 슈피겔》, 《디 짜이트》 등 독일어권의 지성을 대표하는 주간지들이 한국특집을 꾸몄고, 《푸랑크푸르트 알게마이네 짜이퉁》을 비롯한 주요 일간지들이 앞 다투어 한국의 문학과 작가에 대한 기사·기고·서평을 실었다. 《도이칠란트 풍크》, 《서부독일 방송》, 《베를린 문화 방송》 등 여러 방송매체들도 한국문학 관련 인터뷰와 생방송을 내보냈다. 특히 고은·황석영·이문열 등의 번역서는 유력한 노벨상 수상 후보였던 오르한 파묵·아도니스 등의 작품과 함께 주요 서점의 판매대를 장식해 한국 문학이 이제 세계 문학의 반열에 올랐음을 입증했다. 동행한 다른 작가들 또한 한국 현대 문학의 피라미드를 쌓는 바탕돌의 수준 높은 작품성을 독일어권에 보여 주었다. 이번에는 특히 젊은 작가들과 여성 작가들이 대단한 각광을 받았다.

문학 행사는 주빈국관, 문학의 집, 시내 각처에서 개최되었다. 프랑크푸르트 문학의 집에서는 대산문화재단 주최로 매일 저녁 낭독회가 열렸다. 체계적 기획과 홍보 활동을 통하여 저녁마다 수준 높은 청중이 백여 명씩 행사장을 가득 채우는 큰 성과를 거두었다. 은희경 작가와 함께 나는 주빈국관에서 10

월 19일 첫 번째 낭독회에 참가했다. 이곳에서 새삼 세상이 좁음을 확인했다. 사회를 맡은 이리스 라디쉬는 그 이름이 독일어권 문화계에 널리 알려진 여류 명사이다. 1998년 함부르크 민족박물관에서 내가 낭독회를 했을 때, 청중 가운데 그녀가 있을 줄은 전혀 몰랐는데, 나중에 《디 짜이트》에 실린 그녀의 칼럼을 읽고 알았다. 라디쉬도 그때를 기억하고 있어, 우리는 구면으로 반갑게 만났다. 맨손으로 등장하는 진행자들도 없지 않은데, 나의 독역 시집과 은희경의 독역 소설을 세밀하게 정독·메모하여 성의 있게 준비해 온 그녀의 사회는 단연 돋보였다. 독역 작품을 탁월하게 낭독해 준 젊은 여배우 니콜라 그륀델도 이야기를 나눠 보니까, 1990년대 말에 빈 대학에 객원교수로 가있을 때, 내가 가르친 여학생과 자매간이었다. 마인 강변의 통신 박물관에서 최인석 작가와 함께 참가한 낭독회에서도 인연의 한 자락을 확인했다. 20년 전에 독일인 강사로 한국에 왔었던 기젤라 캄러가 남편과 함께 나타난 것이다. 독역 시집이 다 팔려, 증정본조차 없어 당황하는 나에게 어디서 구했는지 한글 시집을 내놓으며 사인을 해달라고 했다. 감격할 사이도 없이 별로 이야기도 나누지 못하고 방송 인터뷰 시간 때문에 그대로 헤어졌지만, 멀리 노르트라인의 소도시에서부터 나의 낭독회까지 찾아온 그들을 생각하니, 이번 행사의 로고, '대화와 스밈'이 앞으로 이러한 만남으로 이어질 수도 있다는 희망이 생겼다.

《데어 슈피겔》 부스에서 라이너 트라우프 주간·귄터 부트쿠스 펜드라곤 출판사 사장·정혜영 교수와 함께 나눈 공개 좌담에서 논의된 바처럼, 이번 주빈국 행사에 거는 한국의 기대는 문화의 일방 통행을 양방 통행으로 개선해 나가자는 것이다. '엔터 코리아'는 곧 그 전환점이며, 동시에 새로운 출발점을 의미한다. 우리 행사를 밀착 취재해 온 《노이에 쮜리히 짜이퉁》(2005년 10월 25일자) 문화면 안드레아스 브라이덴슈타인 기자의 말을 인용하면 '한국은 프랑크푸르트 국제 도서전을 훌륭하게 치러 냈다. (……) 그러나 프랑크푸르트는 목표가 아니라, 하나의 계단이다. 요즘 동아시아를 휩쓸고 있는 한국 대중문화의 물결이, 서양에도 한번 닥쳐올 수 있을 것이다.' 여기서 지적했듯이, 이번 행사를 통하여 우리는 한국 문학의 세계화 도전에서 위로 한 계단 올라선 셈이다. 겸손하게 표현하자면 이것은 서둘러 올라온 첫 번째 계단일 수도 있다. 두 번째 계단으로 천천히 올라설 준비를 우리는 지금부터 다시 시작해야 한다. 무엇보다도 훌륭한 번역자와 통역인을 양성하고,

명망 있는 외국 출판사를 파트너로 얻는 것이 중요하다. 한국 문학의 세계 선양이란 절대로 뛰어올라갈 수 있는 계단이 아니기 때문이다. (2006)

천천히 올라가는 계단

2006년 10월 30일 초판 1쇄 인쇄
2006년 11월 10일 초판 1쇄 발행

지은이 | 김광규
펴낸이 | 孫貞順
펴낸곳 | 도서출판 작가
　　　　서울 서대문구 북아현3동 1-1278 (우120-866)
　　　　전화 | 365-8111~2　팩스 | 365-8110
　　　　이메일 | morebook@morebook.co.kr
　　　　홈페이지 | www.morebook.co.kr
　　　　등록번호 | 제13-630호(2000. 2. 9.)

편집 | 손순회 김이하 유선남
디자인 | 박은정 임은경 오유정
영업 | 남종여 설동근
관리 | 이용승

ISBN 89-89251-52-4

* 잘못된 책은 구입하신 서점에서 바꾸어 드립니다.
* 지은이와의 협의 하에 인지를 붙이지 않습니다.

값 9,500원